Helmut Krätzl

Brot des Lebens

Mein Weg mit der Eucharistie

Bildauswahl und
Bildbeschreibungen
Hubert Gaisbauer

Tyrolia-Verlag · Innsbruck-Wien

Mitglied der Verlagsgruppe „engagement"

Bibliografische Information Der Deutschen Nationalbibliothek
Die Deutsche Nationalbibliothek verzeichnet diese Publikation in der Deutschen
Nationalbibliografie; detaillierte bibliografische Daten sind im Internet über
http://dnb.d-nb.de abrufbar.

© 2014 Verlagsanstalt Tyrolia, Innsbruck
Umschlaggestaltung und Layout: Tyrolia-Verlag, Innsbruck
Umschlagmotiv: Willy Fries, Das Große Gastmahl (Ausschnitt), © Stiftung Willy
Fries, Wattwil (CH)
Bildnachweis: alle Verlagsarchiv Tyrolia, außer: S. 61 Stadtmuseum Nördlingen;
S. 71 Wikimedia Commons; S. 103 Kunsthistorisches Museum, Wien;
S. 137 © Sieger Köder; S. 166 Art Gallery Lilja Zakirova, Heusden a/d Maas (NL);
S. 174 Prämonstratenserstift Strahov
Druck und Bindung: Gorenjski-Tisk, Slowenien
ISBN 978-3-7022-3325-9 (gedrucktes Buch)
ISBN 978-3-7022-3355-6 (E-Book)
E-Mail: buchverlag@tyrolia.at
Internet: www.tyrolia-verlag.at

Inhaltsverzeichnis

4. Kapitel
Was die liturgische Erneuerung bremst

5. Kapitel
Eucharistische Schaufrömmigkeit

6. Kapitel
Eucharistie – die drängende Herausforderung in Pastoral und Ökumene

Vorwort

Anlässlich meines diamantenen Priesterjubiläums blicke ich zurück. Die Eucharistie hat mein religiöses Leben seit früher Kindheit stark geprägt. In 60 Priesterjahren habe ich tausende Male Eucharistie gefeiert, Kinder und Erwachsene darüber belehrt und selbst immer neu versucht, diesem Geheimnis näherzukommen.

Obwohl die Eucharistie zu den Zentralwahrheiten unseres Glaubens gehört und die Messe Quelle und Höhepunkt kirchlicher Gemeinschaft ist, hat sich im Laufe meines langen Priesterlebens Deutung und Bedeutung der Eucharistie verändert, sind neue theologische und pastorale Fragen aufgetaucht, die zum Teil kontrovers diskutiert werden. Die Zahl der Messbesucher nimmt ab. Ist die Liturgieerneuerung nach dem Konzil daran schuld? Bei vielen Messen gehen fast alle zur Kommunion. Was denken sie sich dabei? Welche Voraussetzungen verlangt die Kirche noch für einen würdigen Empfang? Ist die Messe mehr Opfer oder Mahl? Ist sie Priesterliturgie, auch private Andacht oder Feier der ganzen Gemeinde? Was hindert noch eine eucharistische Gastfreundschaft mit evangelischen Christen? Hat man bald nach dem Konzil nicht schon großzügigere Zulassungsbedingungen für wiederverheiratete Geschiedene im Einzelfall gekannt? Wird man bei einer Strukturreform auf Grund demographischer Veränderungen und des wachsenden Priestermangels eher auf Eucharistie am Ort verzichten, als neue Zugänge zum Priesteramt zu eröffnen? Schafft die Werbung für eucharistische Anbetung auch neue spirituelle Zugänge zu Feier und Empfang der Eucharistie?

Alle diese Fragen haben mich in meinem Priesterleben stark beschäftigt, ich habe viel nachgedacht, engagiert darüber diskutiert und nicht weniges dazu auch publiziert. Hier will ich schlaglichtartig einige dieser Fragen aufgreifen und meine Erfahrungen dazu niederschreiben. Das Geheimnis der Eucharistie ist für mich nicht durchschaubarer geworden. Aber beim Schreiben dieses Buches ist mein ehrfürchtiges Staunen davor noch einmal gewachsen. Letztlich ist das irdische eucharistische Mahl nur Vorgeschmack auf jenen Tag, von dem Jesus sprach, nachdem er den Seinen den Kelch gereicht hatte. An jenem Tag, sagte er, „werde ich mit euch von neuem davon trinken im Reiche meines Vaters" (Mt 26,28). Dann erst öffnet sich das ganze Geheimnis, wenn wir vom Glauben zum Schauen kommen.

Helmut Krätzl

Ostern 2014

im 60. Jahr meines Priesterlebens

1. Kapitel
Mit Kindern Eucharistie entdecken

Frühkommunion

Am 21. Juni 1936, am Gedächtnistag des hl. Aloisius von Gonza-
ga, ging ich zur Erstkommunion. Erst im Oktober darauf wurde
ich fünf Jahre alt. Ein Kaplan unserer Pfarre St. Ulrich im 7. Wiener Gemeindebezirk – dort wirkten bis 1968 die Steyler Missionare aus St. Gabriel –, der viel in unserer Familie verkehrte, sagte
eines Tages zu meiner Mutter: „Ich glaube, der Helmut könnte
zur Frühkommunion gehen." Und so war es dann auch. Im be-
nachbarten Kloster der Sionsschwestern feierte der Kaplan für
mich allein und meine Familie die Messe, bei der ich – ohne vorher gebeichtet zu haben – zum ersten Mal zur Kommunion gehen durfte. Weil ich so klein war, hatten die Schwestern für mich
eigens einen kleinen Betstuhl zimmern lassen, ein *prie-Dieu*, wie
sie ihn, die vielfach französischsprechend waren, nannten. Ich
empfand eine riesengroße Freude, nun Jesus in der Kommunion
empfangen zu dürfen, gleich wie meine Eltern und die größeren
Geschwister. Ich glaube, ich bin damals in ganz jungen Jahren
dem Geheimnis der Eucharistie erstaunlich nahe gekommen.

Von da weg ging ich auch unter der Woche sehr oft zur heiligen Messe. Meine Mutter hatte nämlich die Gewohnheit, wenn

die größeren Geschwister in die Schule gegangen waren, vor dem Einkaufen die Acht-Uhr-Messe in St. Ulrich mitzufeiern. Ich ging voll Freude mit und hatte nie Langeweile. Sehr bald begann ich auch schon zu ministrieren. Für mich war es der Anfang einer ganz persönlichen eucharistischen Frömmigkeit, die mich mein ganzes Leben begleitete und die auch ein besonders starkes Motiv war, einmal Priester zu werden.

Aus meinem eigenen Erleben weiß ich daher, dass Kinder fähig sind, eine Liebe zu Jesus in der Kommunion zu verspüren, wenn sie gut vorbereitet sind und in einem Milieu aufwachsen, in dem Ehrfurcht vor der Eucharistie herrscht. Andererseits können aber auch Kinder Erwachsene zu neuer Andacht anregen. Eine Schwester von mir, die sieben Jahre älter war – sie ist leider 2008 mit 84 Jahren gestorben – hat mich noch in hohem Alter manchmal am 21. Juni an meine Erstkommunion erinnert. Diese Frühkommunion muss für die Familie einen nachhaltigen Eindruck hinterlassen haben.

„Messe spielen"

In meiner Kindheit war es nicht selten, dass begeisterte Ministranten zu Hause „Messe spielten". Es gab einen gewissen Wettstreit, wer dazu die schöneren Messgeräte hatte: einen kleinen Kelch mit Patene, einen Überwurf, der einem Messgewand ähnlich schaute, Kreuz und Kerzen auf einem Tisch, ein Messbuch. Wir hatten ja schon das neue Schottmessbuch. Bruder Philomenus, der Sakristan in St. Ulrich, der mich sehr gerne hatte, gab mir sogar „echte" Hostien. Ich machte alles genauso nach, wie ich es dutzende Male in der Kirche gesehen hatte. Natürlich wusste ich, dass das alles ein Spiel war, aber für mich ein sehr ernstes. Ich wollte dabei auch nicht gestört werden. Manchmal dachte ich mir in meiner kindlichen Einfalt: Wenn Gott es will, könnte er doch auch jetzt gegenwärtig sein, obwohl ich kein Priester bin. Er war es wohl auch, nicht in sakramentaler Gestalt, aber in meiner Sehnsucht nach seiner Nähe. Einmal hat mir sogar der Kaplan, der mich vor Jahren auf die Frühkommunion vorbereitet hatte, ministriert.

Ich weiß nicht, wie Kinder heute über ein solches Mysterienspiel denken. Das „Messespielen" war sicher ein Zeichen, dass die heilige Messe für uns wichtig war. Uns musste niemand die einzelnen Teile der Messe erklären, wir kannten sie besser als so mancher Erwachsene, der schon seit Jahrzehnten der Messe „von ferne beigewohnt" hatte. Dann aber lässt ein solches Spiel doch auch so etwas wie einen entfernten Berufswunsch erkennen. Bei mir war es sicher so.

Was spielen Kinder heute? Wie äußert sich der Wunsch nach einem Beruf, der sie fasziniert? Zumindest könnte man in das unüberschaubare Angebot von Spielen, die den Kindern heute elektronisch zur Verfügung stehen, auch religiöse aufnehmen. Vielleicht hätten die Kinder dafür mehr Interesse, als Eltern und Spielemacher ihnen zutrauen.

Erstkommunion

Die Erstkommunion hat mich immer sehr berührt. Einmal, weil mir die Fähigkeit der Kinder aufgefallen ist, eine emotionale Beziehung zu Jesus in der Kommunion zu entfalten. Dann aber, weil die Erstkommunion der Kinder sich vielfach auf die Familie und die ganze Pfarrgemeinde auswirkt.

Sowohl als Kaplan in Baden bei Wien (1954–1956) als auch als Pfarrer in Laa an der Thaya (1964–1969) unterrichtete ich Religion in den Erstkommunionklassen. Ich wollte damit die Wichtigkeit dieses Jahres für die religiöse Entwicklung der Kinder unterstreichen, aber auf diese Weise auch mit Schule und Elternhaus Kontakt aufnehmen, damit die Bildung ganzheitlich gelingen kann. Als Pfarrer habe ich den alten Brauch des Herbergsuchens wieder eingeführt. Mit Jungscharkindern ging ich in der Adventzeit in die Familien, wo ein Kind in der zweiten Klasse war. Wir beteten und sangen und ließen ein Marienbild zurück, mit der Erklärung, für Jesus werde in diesem Jahr in dieser Familie „Herberge" gesucht. Später habe ich dann bei offiziellen bischöflichen Visitationen in den Pfarren fast immer über die Verantwortung von Eltern und Gemeinde für die Kommunionerziehung der Kinder gesprochen. Das Erstkommunionjahr könnte für die ganze Familie wie eine eucharistische Katechese wirken.

Was die Kinder verstehen

Kinder fragen nicht nach der dogmatischen Erklärung für die „Verwandlung" des Brotes. Sie freuen sich aber, wenn man ihnen aus der Bibel erzählt, wie sie zu der besonderen „Gesellschaft" Jesu gehören. Z. B. wie Jesus seine Jünger belehrte, die die Kinder – offenbar weil sie „störten" – zurückdrängen wollten: „Lasst diese Kinder zu mir kommen, hindert sie nicht daran! Denn Menschen wie ihnen gehört das Himmelreich" (Mt 19,13ff.).

Auch der Bub begeistert sie, der laut Joh 6,9 der Einzige war, der schlauerweise Proviant mitgenommen hatte, fünf Brote und zwei Fische, der sie freiwillig hergab und so die Speisung der fünftausend Männer ermöglichte. Von seinem Opfer blieben

Aus dem „**Codex Aureus**" (Blatt 108/109)
„**Das Wunder der Brotvermehrung**"
zwischen 1030 und 1050, Kalbspergament, 44,5 × 31 cm
Benediktinerabtei Echternach
Germanisches Nationalmuseum Nürnberg

„Und er gab den Jüngern die Brote, die Jünger aber gaben sie dem Volk."
(Mt 14,19)

Der prachtvoll gestaltete Golddeckel sowie die durchgehend goldfarbene
Schrift haben dem reich illustrierten Codex seinen Namen gegeben. Auffallend in der Miniatur von der Speisung der Fünftausend ist die strenge Sym-
metrie der Verteilung, durch die alle gesättigt werden. Wie eine Welle setzt
sich die gebende Geste Jesu in den beiden Apostelgestalten fort. Deutlich ist
zu sehen, dass sie geben, was sie selber empfangen haben. Es ist gute Glau-
benstradition, in der Erzählung vom Brotwunder ein Vorzeichen der Eucharistie zu sehen. Im gemeinsamen Mahl reicht sich Christus im Brot selber
weiter, so kann man es im Bild aus dem „Codex Aureus" lesen.

dann noch zwölf volle Körbe übrig. Gerne erzähle ich den Kindern auch, mit welcher Sehnsucht sich Jesus nach dem letzten Abendmahl sehnte und dass dort dann einer, den Jesus besonders liebte, wie es in der Bibel heißt, ganz nahe bei ihm zu Tische lag. In meinem Brevier habe ich ein Bild von dieser Szene. Da denke ich mir oft: So nahe möchte auch ich Jesus sein!

Wenn es uns doch gelänge, den Kindern verständlich zu machen, dass Jesus selber sie zur heiligen Messe einlädt und sie so gerne ganz nahe bei sich haben will, weil er sie liebt. Nicht wegen eines Gebotes müssen sie am Sonntag zur Messe kommen, nicht der Pfarrer lädt sie ein, sondern Jesus selbst: „Komm, ich warte auf dich!" Und es gibt Kinder, die das verstehen. Da denke ich dann immer an den Lobpreis Jesu: „Ich preise dich, Vater, weil du all das den Weisen und Klugen verborgen, den Unmündigen aber offenbart hast" (Mt 11,25). Dass wir doch von den Kindern die Unbefangenheit des Glaubens lernen könnten! „Wenn ihr nicht umkehrt und wie die Kinder werdet, könnt ihr nicht in das Himmelreich kommen" (Mt 18,3) soll wohl auch heißen: Wenn ihr nicht wie Kinder werdet, könnt ihr auch das Geheimnis der Eucharistie nicht verstehen.

Erstkommunionvorbereitung heute

Die Vorbereitung auf die Erstkommunion ist heute viel intensiver als früher. Mütter versammeln die Kinder um den Tisch – sogenannte Tischmütter – und versuchen, sie in das Geheimnis der Eucharistie einzuführen. Gelegentlich gibt es sogar „Tischväter". Für die Kinder wird dadurch klar, dass die Kommunion keine Kindersache ist, sondern sie vielmehr nun befähigt werden, die heilige Messe ganz, wie die Erwachsenen auch mit der

Kommunion mitzufeiern. Die Mütter aber werden herausgefordert, selbst über die Eucharistie nachzudenken und darüber, was sie ihnen bedeutet. Nur so können sie ja glaubwürdig zu den Kindern reden. Freilich soll sie der Seelsorger dabei nicht allein lassen, sondern geistlich begleiten. Und wo Kritik geübt wird, die „Tischmütter" würden zu sehr am Äußerlichen hängen bleiben, gilt der Vorwurf den Priestern, die die so notwendige geistliche Begleitung vernachlässigt haben.

Erstkommunionvorbereitung sollte überhaupt Sache der ganzen betroffenen Familie werden. Das hat uns Professor Albert Biesinger von Tübingen gelehrt. Von 1982 bis 1991 war er Religionspädagoge an der Katholisch-Theologischen Fakultät der Universität Salzburg. Damals arbeitete ich als „Schulbischof" (Beauftragter für Schulsachen in der Österreichischen Bischofskonferenz) eng mit ihm zusammen. Er wurde zum religiösen „Anwalt" der Kinder. Besonders bekannt wurde er durch sein Buch „Kinder nicht um Gott betrügen. Anstiftungen für Mütter und Väter". 2001 gründete er eine Stiftung für „Gottesbeziehung in Familien" und 2008 schrieb er ein Buch mit dem Titel „Wie Gott in die Familie kommt". Er regte an, dass in die Erstkommunionvorbereitung die ganze Familie einbezogen werde, und entwarf dafür ein eigenes Programm. Viele Pfarren haben es dann versucht. Ich staunte, dass das sogar in einigen Großstadtpfarren in Wien gelang. Das wurde zu einer ganz neuen Form der Pastoral gerade für junge Familien. Denn was immer in den Erstkommunionkindern an zarten Pflanzen der Liebe zu Christus in der Kommunion wächst, verdorrt alsbald, wenn es nicht in der Familie weitergepflegt wird.

In manchen Landpfarren erlebe ich noch heute bei den Visitationen, wie sich auch die Schule, durch die Religionslehrerinnen angeregt, an der Erstkommunionvorbereitung beteiligt.

Bei aller Klage über den Rückgang des Religiösen in der Gesellschaft: Die Vorbereitung auf die Erstkommunion war noch nie so gut wie heute und die Mitverantwortung der Laien zeigt ein neues Kirchenbild.

Kutten oder Alltagskleidung?

Seit etwa 30 Jahren hat sich vielerorts eingebürgert, dass die Kinder gleich gekleidet in Kutten zur Erstkommunion gehen. Der Hauptgrund war die lästige Kleiderfrage. Als Pfarrer war ich sehr enttäuscht, dass sich die Eltern – meist die Mütter – beim Elternabend vor der Erstkommunion fast ausschließlich für die Kleiderfrage interessierten. Ich warnte sie, Mädchen einen „Brautschleier" umzuhängen, weil er zu leicht durch die brennenden Taufkerzen entzündet werden könnte. Die Kleider wurden auch zum Statussymbol. Es ging darum, wie wertvolle man sich leisten konnte. Daher erlebte ich in meiner Pfarre, dass Frauen Kinder aus ärmeren Familien eigens ausstatteten, damit sie nicht vom allgemein Üblichen abfallen. Nun gehen alle gleich gekleidet, in eigens dafür geschneiderten Kutten. Die Pfarren, die das als erste einführten, waren stolz darauf und kamen sich besonders fortschrittlich vor.

Ich verstehe die Gründe für diese Entwicklung. Überdies interpretierte man die weißen Kutten gerne als Erinnerung an das Taufkleid. Dennoch halte ich diese Lösung letztlich nicht für gut. Durch diese gemeinsame „Tracht" wird die Erstkommunion zu einem herausragenden, einmaligen Ereignis. In Wirklichkeit aber sollte die „erste Kommunion" darauf hinweisen, dass ab nun das Kind die Messe voll und ganz mitfeiern kann, wozu eben die Kommunion gehört. Dass die Kommunion ab jetzt sozusagen zum „sonntäglichen Alltag" gehört. Da gibt es dann aber keine Kutten mehr, sondern das übliche Sonntagskleid. Und wenn manche klagen, dass Kinder nach der Erstkommunion lange nicht mehr – oder höchstens unter dem „gelinden Zwang" einer Schulmesse – zur Kommunion gehen, dann mag die „Ausnahmekleidung" vielleicht auch eine Rolle spielen. Also Kommunion nur unter besonderen Umständen, in „liturgischer Kleidung", nicht aber wie selbstverständlich an jedem Sonntag.

Sollen Schwerstbehinderte auch zur Erstkommunion gehen?

Schon öfter wurde ich von einem Sonderpädagogischen Zentrum am Rand von Wien eingeladen, dort Kindern die Firmung zu spenden, gelegentlich auch die Erstkommunion. Auch jüngst war es wieder so. Die Kinder waren unterschiedlich behindert und die Gestaltung der Messe war sehr lebendig. Das Evangelium vom Sturm am See und der Angst der Apostel, während Jesus schlief, wurde szenisch dargestellt. Ein Schlauchboot zeigte das Schiff, ein Bub spielte den schlafenden Jesus und wurde sehr emotional von den Mitschülern geweckt. Der Gesang wurde von einer lautstarken Band der Schule angefeuert. An Lebendigkeit fehlte in dieser Messe nichts. Ein Bub sollte auch zur Erstkommunion gehen. Er war geistig schwerst behindert. Als ich mit der Kommunion zu ihm kam, wehrte er sich vor lauter Aufregung lautstark. Ich wusste nicht, was ich tun sollte. Ihm die Kommunion aufzwingen? Eine Betreuerin redete mit ihm, beruhigte ihn und deutete mir, ihm nun die Kommunion zu spenden. Ich gab ihm ein ganz kleines Stück der Hostie, dann einen Schluck Wasser. Hinter ihm stand seine Mutter. Als ich aufblickte, sah ich, wie sie bitterlich weinte. Nach der Messe kam sie zu mir und erklärte mir ihre Tränen. Sie hätte vor Glück geweint. Vor Glück, dass ihr Bub, der so vieles entbehren muss, immer wieder zurückgesetzt und ausgeschlossen ist von so vielem, nun von der Kirche das Heiligste, das sie hat, bekommen hat. Was der Bub davon verstand? Ob er wenigstens die Hostie von gewöhnlichem Brot unterscheiden konnte, was ja Mindestforderung für den Empfang ist? Ich weiß es nicht. Aber hat der Glaube der Mutter nicht all das ersetzt, ihr Glück mein Tun gerechtfertigt? War nicht in diesem Buben der Herr schon längst gegenwärtig, bevor ich ihn in der sakramentalen Gestalt brachte? „Ich war krank, und ihr habt mich besucht." Oder wie es Papst Franziskus am 4. Oktober 2013 bei seinem Besuch in Assisi in einer Klinik für kranke und behinderte Kinder sagte: „In diesen leidenden Kindern ist Christus verborgen."

Um der Erstkommunion willen getauft

Die Zahl der ungetauften Kinder nimmt in der Großstadt immer mehr zu. In der zweiten Volksschulklasse, in der die Kinder zur Erstkommunion gehen, wird dies manchen Eltern erst bewusst. Sie wollen ihrem Kind die große Feier im Rahmen der ganzen Klasse nicht vorenthalten und entschließen sich, das Kind nun taufen zu lassen.

Die Beweggründe der Eltern mögen bedenklich sein, aber ihr Wunsch bietet den Seelsorgern einen Anlass, um mit ihnen über Glaube und Taufe und ihre Verantwortung für das Kind zu reden. Jedenfalls habe ich schon öfter erlebt, wie die Taufe mit der ganzen Klasse vorbereitet und gemeinsam gefeiert wird. So erleben die anderen Kinder in der Klasse, was und wie Taufe ist. Erstaunlich, dass offenbar die Kommunion den sonst gar nicht so gläubigen Eltern einen unerwarteten Weg zur Taufe ihres Kindes auftut.

Die Bedeutung der Erstkommunion für das Leben der Menschen, der Kirche ist gar nicht hoch genug einzuschätzen. Darum predige ich auch bei Visitationen immer darüber und wie Erstkommunion zur eucharistischen Besinnung für die ganze Gemeinde werden kann.

Beichte vor der Erstkommunion?

Ich mache mir Sorgen, dass eine schlechte Beichtvorbereitung den Kindern die Freude an der Kommunion raubt und ihnen sogar für ihr ganzes Leben ein falsches Gottesbild vermittelt. Und diese meine Sorge ist in letzter Zeit größer geworden.

Verunglückte Beichtvorbereitung

Bei der Visitation einer Pfarre im südlichen Anteil der Erzdiözese Wien erlebte ich, wie ein sehr frommer Pfarrer, der sonst sehr viel auf die Verehrung der Eucharistie hält, in der Erstkommunionvorbereitung den Akzent auf die Beichte legte. Im Schlussprotokoll der Visitation regte ich an, den Schwerpunkt doch deutlich auf die Eucharistie zu legen und in den Kindern eine große innere Freude zur Begegnung mit Christus in der Eucharistie zu wecken. Sie sollen nicht den Eindruck haben, Eucharistie brauche immer vorher Beichte, oder dass man in der Begegnung mit Christus immer zugleich auch die Sünde betont. In einer anderen Pfarre hörte ich die Eltern klagen, dass der Pfarrer bei der Erstkommunionvorbereitung in übertriebener Weise von Sünde und schwerer Sünde redet, sodass die Kinder Angst bekommen, Angst auch vor einem strafenden Gott.

In Wien mussten wir, Kardinal König und ich als Generalvikar, einen Pfarrer absetzen, weil er trotz heftiger Einsprüche von uns den Erstkommunionkindern Bilder von blutigen abgetriebenen Embryonen zeigte, um sie, wie er meinte, rechtzeitig immun zu machen vor einer Verharmlosung dieser so schweren Sünde. Die Eltern schickten ihre Kinder aus Protest in eine andere Pfarre, da sie zu Recht fürchteten, ihre Kinder würden ein unheilbares Trauma im Hinblick auf Sexualität und Elternschaft bekommen.

Woher kommt die so enge Bindung zwischen Beichte und Kommunion?

Freilich sind die erwähnten Beispiele Ausnahmen, der letzte Fall sogar eine extreme. Aber es bleibt die Frage, ob der Erstkommunion immer die sakramentale Beichte vorausgehen muss. Dies scheint der Kirche aber so wichtig zu sein, dass sie es sogar in ihrem offiziellen Rechtsbuch (CIC 1983) festgehalten hat. Dort wird in can. 914 den Eltern sowie dem Pfarrer zur Pflicht gemacht, die Kinder, die zum Vernunftgebrauch gelangt sind, gehörig vorzubereiten und „möglichst bald, nach vorheriger sakramentaler Beichte, mit dieser göttlichen Speise" zu stärken. Das hat seine Wurzel in der bewegten Geschichte der Beichte, als man begann, sie als notwendige Voraussetzung für den Kommunionempfang anzusehen. Diese Lehre geht schon auf die Mitte des 8. Jahrhunderts zurück und im 4. Laterankonzil kam es 1215 zur gesetzlichen Verpflichtung, dass jeder Gläubige vor Ostern bei seinem zuständigen Pfarrer zur Vorbereitung auf die vorgeschriebene Osterkommunion „all seine Sünden" beichten müsse. Da die Gläubigen damals sehr selten kommunizierten, blieb der Brauch, jedes Mal vor der Kommunion zur Beichte zu gehen. In den orthodoxen Kirchen gilt das heute noch.

Versuche, Beichte und Erstkommunion zu entkoppeln

Pius X. (1903–1914) hat die Gläubigen zu häufiger Kommunion ermutigt und das Zweite Vatikanische Konzil hat eine tiefere Einsicht in Eucharistie und Bußsakrament bringen wollen. De facto wurde in der Konstitution über die heilige Liturgie die enge Verbindung zwischen Kommunion und Beichte entkoppelt.

Der „Rahmenplan für die Glaubensunterweisung", der 1967 vom Deutschen Katechetenverein erstellt und von den katholischen Bischöfen Deutschlands herausgegeben wurde, sah vor, die Erstkommunion im zweiten Schuljahr zu halten, die Erstbeichte aber erst im vierten. In vielen Pfarren hielt man sich daran. 1972 hat sich die römische Kleruskongregation dagegen ausgesprochen, aber ohne es direkt zu verbieten. 1973 jedoch forderte Rom die Beendigung dieses Experimentes. Das führte zu erheblicher Unruhe in vielen Pfarren Deutschlands. Die gemeinsame Synode der Bistümer Deutschlands 1971–1975 in Würzburg sah die Bußerziehung als „durchlaufende Aufgabe der christlichen Erziehung", getragen von der ganzen Gemeinde. Für den Zeitpunkt von Erstbeichte und Erstkommunion sei die konkrete Glaubenssituation des Kindes und vor allem seiner Familie entscheidend. Dennoch mahnte die Synode, „in der Regel" die Hinführung zum Bußsakramente mit der Vorbereitung auf die Erstkommunion zu verbinden. Die Praxis blieb unterschiedlich.

In der Erzdiözese München beispielsweise wurde unter Kardinal Julius Döpfner eine Neuregelung zum Bußsakrament „ad experimentum" eingeführt. Beichte und Erstkommunion wurden getrennt, um die Kinder nicht zu überfordern. Als Joseph Ratzinger 1977 Erzbischof wurde und nach drei Monaten auch Kardinal, stoppte er auf Weisung Roms dieses Experiment. In einem Brief an die Pfarrer argumentierte er, dass es dagegen auch

theologische Gründe gebe. Nicht alle Pfarrer folgten dieser Anweisung, später kam es zu einem Kompromiss.

Auch in Österreich haben manche Pfarrer die Beichte in die
vierte Klasse verschoben. Ich glaube nicht, dass theologische
Gründe dagegen sprechen, eher pastorale. Gerade im Erstkommunionjahr ist die Hinwendung der Kinder und ihrer Familien
zum Glauben, zu Kirche und Gemeinde sehr stark, sodass auch
die Beichte in diesem Rahmen größere Aufmerksamkeit erfährt.
Aber das Schwergewicht müsste doch auf der Hinführung zur
Begegnung mit Christus im Altarsakrament liegen. Eine Feier
der Versöhnung kann verschiedentlich aussehen, es muss nicht
immer die Beichte sein.

Unvorbereitet zur Kommunion gehen?

„Jeder soll sich selbst prüfen und erst dann soll er von dem Brot
essen und aus dem Kelch trinken", rät der Apostel Paulus der
Gemeinde von Korinth (1 Kor 11,28) und bei Matthäus mahnt
Jesus, sein Opfer erst zum Altar zu bringen, wenn man sich ver-
söhnt hat (vgl. Mt 5,23). Auch Kinder können verstehen, dass
man nicht in die Tischgemeinschaft mit Jesus passt, wenn man
mit anderen in Zwist und Streit lebt. Dass das Mahl der Liebe
nur würdig empfangen wird, wenn man um Liebe bemüht ist.
Daher sollte in der Vorbereitung auf die Erstkommunion ernst
über Versöhnung gesprochen werden und dann auch ein schö-
nes Fest der Versöhnung gefeiert werden. So nennt man heute
übrigens auch die Beichte. Aber vielleicht ist eine gemeinschaftliche Feier erlebnisreicher als die individuelle Beichte. Schließlich hat uns gerade das Konzil gelehrt, wieder die verschiedenen Formen der Sündenvergebung zu feiern. Auch dort werden

Sünden vergeben, so es nicht „schwere" sind. Übrigens ist nach CIC can. 988 § 1 die Beichte nur für schwere Sünden verpflichtend. Und kommen diese im Leben eines siebenjährigen Kindes überhaupt vor? Für die Sünden eines Kindes passt nicht das Bild des „verlorenen" Sohns mit dem barmherzigen Vater, der neu mit dem Festtagskleid, der Gnade, bekleidet werden muss. Eher doch das Bild der Kinder, die zu Jesus drängen und die er umarmt und vor den Eltern segnet.

Neun Mal Kommunion am Herz-Jesu-Freitag – Garantie für die Seligkeit?

Jugendliche tun sich heute schwer mit der heiligen Messe. Sie haben nur selten eine innere Beziehung zum Geheimnis der Eucharistie gefunden, beurteilen die Messe daher vor allem nach der äußeren Gestaltung. „Warum ist die Messe immer so schnarchlangweilig?", schrieb mir ein Mädchen vor der Firmung. Ich bewundere ihre Wortschöpfung, bin aber traurig über diesen Eindruck. „Die Pfarrer sollten kreativer sein", klagt cin anderer Firmling. „Ich gehe regelmäßig zur Messe", teilt mir stolz ein Jungscharführer mit, „einmal im Monat". Ja, das ist auch regelmäßig, aber was ist an den anderen Sonntagen? Und selbst wenn der Wille da wäre, die Beginnzeiten der Sonntagsgottesdienste sind für Jugendliche heute immer zu früh. Das wird noch ärger, wenn Priester immer mehr Pfarren betreuen und ihren Sonntag in einer Pfarre schon um 7.30 Uhr beginnen müssen.

Jugendliche tun sich heute schwer mit der Messe. Das war aber nicht immer so. Als junger Priester habe ich das anders erlebt.

Was hat früher die Messe attraktiver gemacht?

In meiner Kaplanszeit in den 1950er Jahren habe ich eine Jugend erlebt, die ein ungezwungenes Verhältnis zur heiligen Messe hatte. Grund dafür war nicht die „alte Messe", der heute wieder manche, auch Jugendliche, nachtrauern, es waren verschiedene Umstände, die gleichsam zur Messe „einluden".

Da war einmal die Tatsache, dass die Eucharistiefeier in der Gesellschaft eine besondere Wertschätzung erfuhr. Die Sonntagsmesse war für viele eine Selbstverständlichkeit, nicht wenige feierten sogar an Wochentagen mit. Dann war die erlebte Gemeinschaft. Jungschar- und Jugendgruppen nützten viele Gelegenheiten, zusammenzukommen, so auch Andachten und Gottesdienste. In meiner Jugendzeit hatten wir in der Pfarre St. Ulrich jeden Mittwoch um 6.15 Uhr eine Jugendmesse. Es kamen erstaunlich viele, auch weil wir uns treffen wollten. Und schließlich machte oft der Jugendkaplan die Messe „attraktiv". Nicht durch ein besonderes Ritual oder gewagte Experimente, sondern – wie erstaunlich – durch die Predigt. Als ich in meiner Jugendzeit mit der Pfarre auf Sommerlager war, feierten wir ohne Frage täglich die Messe und hörten unseren jungen „Pater" gerne. Als Kaplan fuhr ich auf Jungscharlager und auch dort feierten wir täglich die heilige Messe. Es gab kein Murren, es gehörte einfach zum Tagesablauf dazu. Manche gingen sogar während des Lagers zwischendurch zur Beichte.

Es war erfreulich, dass die Jugend der Messe aus diesen Gründen näherkam. Bedenklich aber ist, wenn es dabei bleibt und die jungen Leute nicht auch zur persönlichen Begegnung mit Christus kommen. So schien eine versäumte Messe dann eher den Gemeinschaftssinn zu verletzen oder den Kaplan zu kränken, wurde aber nicht als Geringschätzung der Einladung durch Christus, den Gastgeber, empfunden.

Herz-Jesu-Verehrung verständlich für Jungscharkinder?

In den 1950er Jahren wurde die Herz-Jesu-Verehrung besonders betont. Unter anderem wurde eine der vielen Verheißungen an die hl. Margareta Maria Alacoque (1647–1690) verbreitet. Die Verheißung verspricht: „Wer an neun aufeinanderfolgenden ersten Monatsfreitagen die heilige Kommunion empfängt, wird eine gute Todesstunde haben und die Seligkeit erlangen." Als junger Kaplan gefiel mir diese Verheißung sehr und ich erzählte sie meiner großen Jungschargruppe. Zu meiner Überraschung waren etliche bereit, auf diese Verheißung einzugehen. Sie kamen am Herz-Jesu-Freitag regelmäßig zur Messe, beichteten vorher und gingen zur Kommunion. Ich weiß nicht, wie viele die neun Freitage „aufeinanderfolgend" durchhielten. Sonst hätte man ja laut Verheißung wieder von vorne anfangen müssen. Aber ich freute mich riesig, für die Jugend ein neues Motiv für Messe und Kommunion gefunden zu haben.

Heute wäre solches sicher nicht mehr möglich. Ich würde es auch nicht mehr tun. Denn rückblickend bekomme ich auch schwere Bedenken. Einmal, dass ich den Eindruck erweckte, man könne sich sein Heil „verdienen". Zum anderen habe ich es versäumt, gerade an diesen neun Freitagen die Jugendlichen dem Geheimnis der Eucharistie persönlich näherzubringen, in der wir ja das Gedächtnis dessen feiern, der „sein Herzblut für alle vergossen" hat.

2. Kapitel

Das Messverständnis, als ich Priester wurde

Während meiner 60 Priesterjahre hat sich der Ritus der Messe in der lateinischen Kirche mehrmals verändert. Ich musste einige Male „umlernen". Es war einerseits ein Zeichen der Lebendigkeit der Kirche, andererseits aber auch das Ringen, das Wesen der Eucharistie immer deutlicher werden zu lassen, dem immer näher zu kommen, was Jesus uns zu seinem Gedächtnis hinterlassen hat.

Wie ich im Priesterseminar Messe „lesen" lernte

Alle, die etwas von Liturgie verstehen, werden mich rügen, dass ich Messe „lesen" schreibe. Die Messe *feiert* man doch. Das weiß ich. Aber was ich in Vorbereitung auf meine Priesterweihe lernte, war tatsächlich, die Messe zu „lesen". Es waren die genauen Vorschriften für den Priester, wie er den Ritus der Messe zu vollziehen habe.

Minutiöse Regieanweisungen für den Vollzug der Messe

Im letzten Jahr vor der Priesterweihe gab es viele sogenannte Hausstunden, die uns in den Vollzug der Messe einführten. Man sagte uns, wie wir die Hände halten müssen: gefaltet oder ausgebreitet und dann in welcher Höhe. Daumen und Zeigefinger müssen wir nach der Wandlung, da wir ja die heilige Hostie berührten, geschlossen halten bis nach der Kommunion. Hierauf wird über die Finger Wein und Wasser gegossen, und die *Ablutio*, wie es fachmännisch heißt, trinkt dann der Priester. Jetzt ist man sicher, dass auch nicht das kleinste Stückchen der Hostie mehr an den Fingern klebt.

Es gibt drei Arten von Verneigungen: die kleine, die mittlere und die ganz tiefe. Das Messbuch muss einmal rechts, dann links stehen. Die Auswahl der Gebete ist streng vorgeschrieben. Vor der Kommunion der Gläubigen betet der Ministrant noch einmal wie beim Stufengebet das *Confiteor* und der Priester darauf erneut die Vergebungsbitte. Obwohl seit Pius X. die Kommunion der Gläubigen häufiger war, erinnert dieser doppelte Ritus der Vergebungsbitte (Stufengebet und jetzt) daran, dass nach der ursprünglichen Form der „tridentinischen" Messe die Kommunion des Volkes innerhalb der Messe gar nicht vorgesehen war.

Eine Reihe von Gebeten mussten wir auswendig lernen, so zum Beispiel jene, die beim Anlegen der liturgischen Gewänder zu beten waren. Etwa beim *Schultertuch*, das zuerst über den Kopf zu ziehen war, beteten wir: „Leg mir o Gott den Helm des Heiles auf das Haupt, um den Anfeindungen des Teufels widerstehen zu können." Beim Binden des *Zingulums* beteten wir: „Umgürte mich Herr mit dem Gürtel der Reinheit und lösche in meinen Lenden die Quellen der Begierlichkeit, damit in mir die Tugend der Enthaltsamkeit und Keuschheit bleibe."

Nach der Messe wurden wir verpflichtet, uns auf die Stufen des Altares zu knien und die sogenannten *Leonianischen Gebete* zu verrichten. 1884 hatte sie Leo XIII. vorgeschrieben, daher ihr Name. Es war das einzige Gebet, das wir mit der Gemeinde in der Muttersprache verrichteten. Wir beteten drei *Ave Maria*, dann das *Salve Regina* und schließlich ein Gebet zum Erzengel Michael. Es war eigentlich ein Exorzismus gegen „alle bösen Geister": „Heiliger Michael, verteidige uns im Kampf gegen die Bosheit und die Nachstellungen des Teufels. Stoße den Satan und die anderen bösen Geister durch die Kraft Gottes in die Hölle." Zuerst war dieses Gebet für die Bekehrung der Sünder gedacht, dann gegen die Feinde im Kirchenstaat, schließlich unter Pius XI. und Pius XII. für die Bekehrung Russlands und damit gegen den Kommunismus. Den Kommunismus hatte die Kirche damals mehr gefürchtet als den wachsenden Faschismus. Gleich zu Beginn des Konzils – ich erlebte das in Rom – wurden diese Gebete abgeschafft. Vor wenigen Jahren aber traf ich bei einer Visitation in Wien einen Pfarrer, der das Gebet zum hl. Michael mit seinen Ministranten nach jeder Messe in der Sakristei betete. Ich weiß nicht, mit welcher Intention oder welchen Teufel er seinen Schützlingen da an die Wand gemalt hatte.

Am Rückweg vom Altar war der Lobpreis der drei Jünglinge im Feuerofen zu beten mit Psalm 150 und eine darauf folgende Oration. Dafür hatte Papst Pius XI. am 3. Dezember 1938 einen Ablass von fünf Jahren gewährt, und wenn man dies einen ganzen Monat tat, konnte man sogar einen vollkommenen Ablass gewinnen. Darüber hinaus sah das Messbuch noch eine Reihe sehr schöner Gebete als Vorbereitung und Danksagung der Messe vor, die man nach eigenem Gutdünken auswählen konnte. Als Ministrant erlebte ich noch, dass die Steyler Missionare aus St. Gabriel, die unsere Pfarre betreuten, tatsächlich vor und nach der Messe still hinknieten und diese Gebete andächtig verrichteten. Zerstreuendes Geschwätz vor der Messe in der Sakristei gab es damals keines.

Was lernte man da eigentlich für die Messe?

Wenn ich das jetzt hier niederschreibe, wundere ich mich, dass wir bei diesen Hausstunden nicht mehr Kritik geübt haben. Wir waren doch alle durch die Liturgische Bewegung eines Pius Parsch auf eine Erneuerung der Eucharistiefeier vorbereitet und hatten schon sogenannte Betsingmessen erlebt und mitgestaltet. Das setzte man im Priesterseminar offenbar voraus, und solche Messen wurden in der Seminargemeinschaft am Morgen ja auch immer wieder gefeiert. Notwendig erschien aber, uns nun das starre Gerüst von Vorschriften und Rubriken beizubringen, was uns nicht weiter störte. Wir wollten alle Priester werden und unsere große Sehnsucht war, dazu geweiht zu werden, die heilige Messe feiern zu können. Es war uns klar, dass wir das im Auftrag der Kirche und in Verantwortung ihr gegenüber tun. Ihr also steht es zu, die Ordnung für die Sakramente aufzustellen und zu achten, dass sie würdig und gültig vollzogen werden. Dazu wussten wir uns mit den Priestern der ganzen Welt, so sie dem lateinischen Ritus angehörten, bis ins kleinste Detail verbunden. Der Panzer der liturgischen Vorschriften schützte den Vollzug der Messe vor Eigenwilligkeiten. Die Strenge, mit der die Rubriken vor dem Konzil oft eingeklagt wurden, hat auch die Ehrfurcht vor dem heiligen Geschehen bewusst werden lassen. Dennoch klage ich darüber, dass damals die heilige Messe nur vom Priester her gesehen wurde und die Gültigkeit des sakramentalen Geschehens von äußerer Erfüllung abhängig gemacht wurde. Das hat dazu geführt, dass die Messe vor dem Konzil eine reine Priesterliturgie war, bei der die Gläubigen, so sie da waren, der Messe „anwohnten" und sie „anhörten", wie es in den Kirchengeboten wörtlich hieß, aber sich sonst nicht beteiligten.

Das betont sogar noch die Enzyklika *Mediator Dei* von Pius XII. aus dem Jahr 1947, die sonst erste Anstöße zu einer Liturgieerneuerung gab. Dort heißt es: „Das erhabene Altarssakrament wird mit der Kommunion der göttlichen Speise abgeschlossen. Um jedoch die Vollständigkeit dieses Opfers zu erreichen, ist, wie alle wissen, lediglich erforderlich, dass sich der Priester an der himmlischen Nahrung erquickt, nicht aber, dass auch das Volk – was übrigens höchst wünschenswert ist – zur heiligen Kommunion hinzutritt" (DH 3854). Betont wird das eucharistische Opfer: „Das heilige Mahl aber gehört zu seiner (= des Opfers) Vervollständigung und zur Teilhabe (am Opfer) durch die Vereinigung mit dem erhabenen Sakrament, und während sie für den Diener, der das Opfer darbringt, ganz und gar notwendig ist, ist sie den Christgläubigen lediglich nachdrücklich zu empfehlen" (ebd.).

Was wir damals nicht lernten

Das waren etwa die Kreativität, die Messe lebendig, je nach Anlass und Zusammensetzung der Gemeinde zu gestalten. Wir lernten kaum, die Gemeinde anzusprechen und in das heilige Geschehen mit einzubeziehen. Wir bekamen zu wenig Anregung, wie man die Mitfeiernden dem Geheimnis der Messe innerlich näherbringen könnte, sodass sie dem Herrn im heiligen Mahl persönlich begegnen. Dazu hilft kein seelenloses Protokoll.

So feierte ich vor dem Konzil täglich die Messe, durchaus andächtig, für die Kirche und *für* die Gemeinde, oft aber nicht wirklich *mit* ihr. Was Jesus zu seinem Gedächtnis als Mahl eingesetzt hatte, war wohl anders gedacht.

Das eine Opfer und die vielen Messen

Karl Rahner SJ hatte sich schon 1949 in einem Artikel in der *Zeitschrift für katholische Theologie* mit dem Problem der vielen „privat" gefeierten Messen kritisch auseinandergesetzt. Damit löste er eine heftige Diskussion aus. Viele stimmten ihm zu, andere widersprachen ihm. Nach mehreren Artikeln, die seine theologische Position verteidigten, gab er schließlich 1966 zusammen mit P. Angelus Häussling, Benediktiner in Maria Laach, eine *Quaestio disputata* (Nummer 31) unter dem Titel „Die vielen Messen und das eine Opfer" heraus. Diese Publikation ist später fast legendär geworden. Als Priester erlebte ich hautnah die von Rahner kritisierte Situation, aber auch die Hinwendung der Gesamtkirche zu seiner Option.

Der willkommene Ausweg
durch die Erlaubnis zur Konzelebration

Vor dem Konzil gab es die Konzelebration mehrerer Priester nur bei der Priesterweihe und da in reduzierter Form. Sonst feierte jeder Priester, auch wenn viele an einem Ort waren, allein die Messe. Ihnen die Gelegenheit dazu zu geben, wurde immer schwerer, wenn die Zahl der Priester sehr groß war. Ein Beispiel war der Massenandrang von Priestern beim Jubiläum von Lourdes 1958.

Das führte dazu, dass schon an die Vor-Vorbereitungskommission des Konzils (die *antepraeparatoria,* wie diese Kommission genannt wurde) das Anliegen herangetragen wurde, am Konzil die Erlaubnis zur Konzelebration auszuweiten. Übrigens hat auch Kardinal König dies in der Vorbereitung auf das Konzil angeregt. Am 20. November 1963 wurde dann das zweite Kapitel der Liturgiekonstitution mit großer Mehrheit angenommen (2057 gegen 123 Stimmen), in dem in den Artikeln 57 und 58 dem Ortsbischof die Vollmacht zugesprochen wurde, die Konzelebration in vielen Fällen zu gestatten. Es sollte damit die Einheit des Priestertums zum Ausdruck kommen, die Eucharistie als Sakrament der Einheit sichtbar werden, aber auch ein befremdendes Bild aus den Kirchen und den Mönchsgemeinschaften entfernt werden, wenn viele Priester in verschiedenen Ecken an kleinen Seitenaltären mehr oder weniger gleichzeitig zelebrierten. Freilich verbot das Konzil nicht, einzeln zu zelebrieren, dann „aber nicht zur selben Zeit in derselben Kirche, während einer Konzelebration und nicht am Gründonnerstag" (SC a. 57, n. 2)

Die vielen Messen in „Ecken der Kirche"

Ich habe das noch jahrelang erlebt. Als ich 1956 Kardinal König als Zeremoniär zugeteilt wurde, feierte ich vor Beginn des gemeinsamen Arbeitstages im Dom von St. Stephan an irgendeinem Seitenaltar allein die Messe. Weil nicht einmal ein Ministrant anwesend war, bat ich einen bekannten Kaplan, der in seiner Pfarre eine starke Ministrantengruppe aufgebaut hatte, mir täglich einen zu schicken, was er auch tat. Auch die Kanoniker von St. Stephan „lasen" zuerst an einem Seitenaltar die Messe, bevor sie sich zum gemeinsamen Chorgebet versammelten. Und während einer dann die Konventmesse las, wohnten die anderen nur bei, meditierten oder lasen die noch übrigen Teile des Stundengebetes für sich.

Von 1960 bis 1963 wohnte ich während meines Romstudiums im deutschsprachigen Priesterkolleg Anima. Dort waren in Nischen acht Seitenaltäre. Wir waren 24 Priesterstudenten und bildeten Zweierschaften, wo einer zelebrierte, der andere ihm ministrierte, und dann gleich umgekehrt. Ein stolzer Römer namens Salvatore half uns beim Ministrieren. Er stand an einem strategisch günstigen Punkt, sodass er drei, vier Messen zugleich „beobachten" konnte und die notwendigen lateinischen Antworten in die Kirche rief. Nur zur Gabenbereitung schritt er an den Altar. Da lehrte er uns, wie persönlich Fürbitten sein können. Er sagte gerne: „Faccia una preghiera per mia moglie, per le gambe di mia moglie!" Also: Beten Sie für meine Frau und ihre schlechten Beine!

Als 1962 das Konzil begann, wohnte auch Joseph Ratzinger, der Kardinal Frings aus Köln theologisch beriet, in der Anima. Auch er zelebrierte und ministrierte an einem der Seitenaltäre.

In Klöstern feierte jeder Mönch zuerst privat die Messe, um dann pflichtgemäß an der Konventmesse teilzunehmen.

All das hat den Eindruck erweckt, als würden viele einzeln gefeierte Messen mehr Gnade vermitteln, als wenn Priester gemeinsam zelebrieren.

Ist eine Messe für Verstorbene zu wenig?

In Rom erlebte ich auch, was ich sonst nur aus liturgischen Büchern kannte, die sogenannten *„Beimessen"* für Verstorbene. Wohlhabende Römer suchten sich für das Requiem ihrer Angehörigen einen Bischof, was bei der großen Zahl in Rom nicht schwer war. Dazu „mieteten" sie mehrere Priester, die gleichzeitig mit dem Bischof Messe hielten. Einmal war ich auch dabei. Wir zogen uns gemeinsam in der Sakristei an. Dann formierte sich der Zug der Priester, am Schluss der Bischof. Dieser ging zum Hochaltar, wir zu einem der Seitenaltäre und feierten nun „synchron", aber natürlich jeder für sich ganz privat, die heilige Messe, eine „Beimesse", wie der Fachausdruck hieß. Wurden dadurch dem Verstorbenen mehr Gnaden vermittelt, weitete sich die Barmherzigkeit Gottes durch die Vielzahl der „Messopfer"? Die Volksfrömmigkeit glaubte das. Wir Priester aber und liturgische Riten wie die der Beimessen stärkten noch diesen Aberglauben.

„Jedem Priester bleibt die Freiheit, einzeln zu zelebrieren"

Darauf hat das Konzil über die Konzelebration hinaus ausdrücklich hingewiesen. Was kann einen Priester motivieren, sich diese „Freiheit" zu nehmen? Die Vermutung, dass, wenn er allein zelebriert, die Frucht der Gnade doch größer ist, als wenn er konzelebriert?

Auch heute gibt es bei Priestertagen noch immer Mitbrüder, die lieber allein die Messe „lesen", als zu konzelebrieren. Denken sie nicht daran, dass durch die Konzelebration die Einheit des Priestertums in Erscheinung tritt, wie es das Konzil ja ausdrücklich sagte? (SC 57 § 1)

3. Kapitel

Das Konzil lehrt uns
die Messe neu sehen

Im Laufe meiner 60 Priesterjahre habe ich tiefgreifende Veränderungen in der Feier der Messe erlebt. Die Liturgische Bewegung in Österreich, in Deutschland und in Frankreich wurde schrittweise offiziell anerkannt. Als Papst Johannes XXIII. die Bischöfe der ganzen Welt fragte, welche Themen ihnen für das Konzil besonders wichtig erscheinen, nannten sehr viele „eine Erneuerung der Liturgie". Es ging immer um die eine Messe, von Jesus eingesetzt und durch 2000 Jahre zunehmend in der ganzen Welt gefeiert. Aber das Konzil wollte das Wesen der Messe deutlicher zum Ausdruck bringen und zeigen, wie sie „Quelle und Höhepunkt" christlichen Gemeindelebens ist. In verschiedener Weise hat uns das Konzil die Messe tatsächlich neu sehen gelehrt.

Statt Priesterliturgie Feier des ganzen Volkes

Das Konzil hat sich endlich zu dem bekannt, was die liturgischen Bewegungen seit den 1920er Jahren unverdrossen angemahnt und in kleinen Gemeinden auch schon „experimentiert" hatten. Dazu waren aber vorbereitende Schritte notwendig.

Schon Pius XII. gibt den Anstoß zur Liturgiereform

Zwei Enzykliken von Pius XII. haben uns in unserer Jugend besonders begeistert. 1943 *Mystici corporis*, wo die Kirche von der Bibel her gesehen wird. Im Vordergrund steht nicht mehr ein einseitig juridisches Kirchenbild. Das hat uns im Krieg und in der Nazizeit neue Freude an der Kirche bereitet, einer Kirche, die wir durch die Taufe alle gemeinsam selber sind.

1947 schrieb Pius XII. *Mediator Dei*. Obwohl Rom der Liturgischen Bewegung immer kritisch gegenüberstand, regte nun der Papst selbst eine liturgische Erneuerung an. Es war wie ein Befreiungsschlag. Manches klingt schon an, was im Konzil dann noch deutlicher ausgesprochen wird. So heißt es dort: Die heilige Liturgie stellt die öffentliche Verehrung dar, „die unser Erlöser, das Haupt der Kirche, dem himmlischen Vater erweist" zusammen mit allen Gläubigen, den Gliedern dieses Leibes. Demnach ist die Messe also keine Privatandacht des Priesters, wie wir sie oft erlebten. In manchen Passagen der Enzyklika scheint dies allerdings immer noch durch (vgl. oben S. 33).

Die Liturgische Bewegung fand sich durch diese Enzyklika bestätigt und konkrete Änderungen folgten. 1947 gab es schon ein zweisprachiges Rituale für Frankreich, 1950 auch für Deutschland. Ab 1951 begann Papst Pius XII. schrittweise die Osterliturgie zu erneuern. Bis dahin wurde die „Osternacht" ja paradoxerweise am Karsamstag in aller Früh gefeiert mit zwölf endlosen Prophetien, die nur lateinisch vorgetragen wurden. Wir Ministranten langweilten uns furchtbar. Gemeinde war kaum anwesend, die feierte ja am Nachmittag in der „Auferstehungsprozession" auf ihre Weise Ostern. Nun sollte die Ostervigil in der Nacht zum Sonntag oder zumindest am Abend vorher gefeiert werden. Die Prophetien wurden auf sieben vermindert und die Bedeutung der Osternacht für die Taufe betont. Dies geschieht heute durch die Taufwasserweihe, die Erneuerung des Taufgelübdes durch die Mitfeiernden und gelegentlich sogar durch eine Taufe selbst. Ich habe schon öfter in der Osternacht getauft. Dabei wurde den Gläubigen der Sinn der Osternachtsliturgie in eindrucksvoller Weise deutlich.

Ich erinnere mich noch, wie damals auch zum ersten Mal Abendmessen gestattet wurden. Früher gab es Messen ja nur in der Frühe. Das eucharistische Fasten – früher ab Mitternacht gefordert – wurde erleichtert. 1958 wurde in der *Instructio de Musica sacra* zur aktiven Teilnahme der Gläubigen am Gottesdienst ermutigt. Die Umsetzung war in den verschiedenen Teilen der Weltkirche unterschiedlich, aber wo die Liturgische Bewegung gewirkt hatte, fühlte man sich bestärkt und erwartete nun vom Konzil noch weitere Schritte. Die Kurie selbst aber schien eher zu bremsen.

Unmittelbare Vorbereitung auf das Konzil

An die Vorbereitungskommission wurden viele Wünsche herangetragen, die Liturgie weiter zu erneuern. In manchen römischen Kreisen schien dies Unruhe zu erzeugen. Jedenfalls wurden unerwartet rasch noch einige Verfügungen vorgenommen. 1960, also schon während der Vorbereitung auf das Konzil, wurde ein Codex rubricarum mit 530 Artikeln im Stile der bisherigen strengen Rubrizistik erstellt. 1961 wurden Änderungen im Brevier vorgenommen und 1962 ein neues Messbuch herausgegeben. Es ist dies das Missale, das heute die Grundlage für den sogenannten „außerordentlichen Ritus" der Messe ist, welche oft fälschlich „tridentinische Messe" genannt wird und sich heute erstaunlicherweise wachsender Beliebtheit erfreut. Verteidigend sagt man, es handle sich dabei gerade um den vom sonst so gelobten Papst Johannes XXIII. eingesetzten Ritus, nach dem auch die Konzilsväter zelebrierten. Zeitlich stimmt das, aber es ist trotzdem die vorkonziliare Messe, da tiefgreifende Erneuerungen ja erst beschlossen werden sollten.

1962 wurde der alte Ritus nur geringfügig verändert, die durchgehende Sprache, auch im Verkündigungsteil, war weiterhin Latein. Um das zu sichern, erschien am 22. Februar 1962 das Motu proprio *Veterum sapientia*, in dem die lateinische Sprache für den Unterricht in Rom erneut vorgeschrieben wurde, obwohl man an den meisten Universitäten längst auf lebende Sprachen übergegangen war. Dino Staffa, der Sekretär der Studienkongregation, meinte aber, Latein sei die „vollkommene Sprache für die Theologie, aber auch ein Konstitutivum für die Einheit der Kirche".

Liturgiereform – ein Grundanliegen des Konzils

Am 16. Oktober 1962, also bereits fünf Tage nach der Eröffnung des Konzils, wurde völlig überraschend erklärt, die Beratungen werden mit dem Schema über die Liturgie beginnen, wie es auch am 22. Oktober geschah. Ob man durch diesen Überraschungseffekt eine intensivere Vorbereitung verhindern wollte? Andere meinten, man wollte eben mit einer „leichten Materie" beginnen, um sich in das Konzilsgeschehen einzuüben. Schließlich aber wurde daraus ein deutliches Zeichen, dass die Liturgiekonstitution einen besonderen Vorrang hat, weil Liturgie das Wesen der Kirche ausmacht und sie beschreibt. Denn das Konzil hatte sich zum Ziel gesetzt, „das christliche Leben unter den Gläubigen mehr und mehr zu vertiefen" (SC 1). Besonders in der Eucharistie vollzieht sich das Werk unserer Erlösung, „und so trägt sie in höchstem Maße dazu bei, dass das Leben der Gläubigen Ausdruck und Offenbarung des Mysteriums Christi und des eigentlichen Wesens der wahren Kirche wird" (SC 2). Es ging also den Konzilsvätern nicht nur darum, einen alten Ritus so zu verändern, dass er dem modernen Menschen verständlicher wird, sondern Liturgie zum Ausdruck eines neuen Kirchenbildes zu machen.

Erneuerte Liturgie als Interpretation des neuen Kirchenbildes

Das alte Kirchenbild war einseitig hierarchisch, während das Konzil nun die Kirche als das Volk Gottes beschreibt. Der große Fortschritt am Konzil in Bezug auf die heilige Messe war deshalb, dass man von einer einseitigen Priesterliturgie wieder zur Feier des ganzen Gottesvolkes gefunden hat. Träger des Gottesdienstes ist der Priester Jesus Christus, aber der „ganze Christus" aus Haupt und Gliedern, d. h. die ganze mit Christus vereinte Gemeinde (Kirche), wie es Theodor Schneider, ein Sakramententheologe, ausdrückte.

Daher wünscht die Kirche, „alle Gläubigen möchten zu der vollen, bewussten und tätigen Teilnahme an den liturgischen Feiern geführt werden, wie sie das Wesen der Liturgie selbst verlangt und zu der das christliche Volk kraft der Taufe berechtigt und verpflichtet ist" (SC 14). Lateinisch heißt es sogar: „vi baptismatis ius habet et officium". Damit ist die Gemeinde in ihr ursprüngliches *Recht* und *Amt* wieder eingesetzt, wie Schneider einmal meinte.

„Die liturgischen Handlungen sind nicht privater Natur, sondern Feiern der Kirche, die das ‚Sakrament der Einheit' ist; sie ist nämlich das heilige Volk" (SC 26). Die Riten sind auf Grund ihrer Eigenart auf gemeinschaftliche Feier mit Beteiligung und tätiger Teilnahme der Gläubigen angelegt. Die verschiedenen „Rollenträger" in der Liturgie vollziehen einen „wahrhaft liturgischen Dienst" (ministerio liturgico funguntur). Die Gläubigen sollen nicht wie „Außenstehende oder stumme Zuschauer beiwohnen" (SC 48), sondern die heiligen Handlungen „bewusst, fromm und tätig mitfeiern". Hier geht es um die „tätige Teilnahme", die „actuosa participatio", wie im Dekret mehrfach wiederholt wird. Versteht sich doch die Kirche nun als das Gottesvolk, da alle durch die „Taufweihe" gemeinsam am Priestertum Jesu Christi teilhaben.

Christus ist mehrfach gegenwärtig in der Eucharistie: in der Person dessen, der den priesterlichen Dienst vollzieht, in den eucharistischen Gestalten von Brot und Wein, im gemeinsam betenden Volk und im Wort, da der Herr selbst zu uns spricht. Nun wird die Verkündigung des Wortes aufgewertet, die früher eher als „Vormesse" gering geachtet wurde. Das verlangt natürlich danach, die Verkündigungsteile in der jeweiligen Muttersprache vorzutragen.

Liturgieerneuerung und Kirchenerneuerung sind untrennbar

Die Liturgieerneuerung ist also Frucht des neuen Kirchenbildes und zugleich dessen Interpretation. Um sie in der Feier der Eucharistie umzusetzen, war wieder ein neues Messbuch notwendig. Papst Paul VI. hat das neue Missale am 1. April

1969 in diesem Geist in Kraft gesetzt, am Gründonnerstag 1970 wurde es vorgestellt, 1971 für Rom vorgeschrieben und in deutscher Übersetzung erschien es 1975. Das ist nun das für alle verpflichtende Messbuch, das im Geiste des Konzils erneuert worden ist.

Johannes Paul II. hat 25 Jahre nach Verabschiedung der Konstitution über die Liturgie zu Recht gesagt: „Es besteht in der Tat eine sehr enge organische Verbindung zwischen der Erneuerung der Liturgie und der Erneuerung des ganzen Lebens der Kirche." Das lässt aber befürchten, dass überall dort, wo man die Liturgieerneuerung stoppen will, auch der Wille zu noch notwendigen Erneuerungen der Kirche insgesamt fehlt. So gesehen ist es aber auch nicht gleichgültig, welchen Messritus man heute verwendet, den von 1962 oder den, der nach dem Konzil festgelegt wurde. Es sind nicht austauschbare Riten, sondern zwei verschiedene Kirchenbilder.

Die Messe feiern neu gelernt

Ich bin froh, dass ich nach dem Konzil „neu" Messe feiern lernte, und das nicht an einem Seitenaltar in St. Stephan, sondern als Pfarrer in einer kleinen Stadt in Niederösterreich, in Laa an der Thaya. Und als ich das erste Mal mit dem Gesicht zum Volk zelebrierte, verstanden es die Leute, dass wir nun alle, sie und ich, um den Altar geschart auf Jesu Wort hören, ihn loben und preisen und uns in seinem Mahle stärken lassen. Aus der Priesterliturgie von früher ist die lebendige, beglückende Feier der Gemeinde geworden.

Eucharistie – mehr Opfer oder Mahl?

Katholischerseits spricht man häufig vom „Messopfer", in der evangelischen Kirche eher vom „Abendmahl". Das hat weitreichende Folgen für die eucharistische Frömmigkeit. Betont man das Opfer zu sehr, drängt sich der Gedanke auf, wir könnten Gott etwas anbieten, könnten durch ein Opfer seine Barmherzigkeit „erkaufen". Wird der Mahlcharakter zu wenig gesehen, hat das Auswirkungen auf den Kommunionempfang. Tatsächlich war es ja über Jahrhunderte bei Katholiken üblich, nur selten zu kommunizieren. Man wohnte dem Opfer bei, das der Priester darbrachte, und verehrte die Eucharistie mehr im Anschauen als im Empfang.

Ist nun die Messe mehr Opfer oder mehr Mahl?

Für die Urkirche ist Eucharistie das „Herrenmahl"

Im Neuen Testament wird nie von einer Opferfeier geredet. Die Apostelgeschichte berichtet, wie die ersten Christen Tag für Tag in ihren Häusern das Brot brachen und in Freude und Einfalt des Herzens Mahl hielten (Apg 2,46). Dabei gedachten sie wohl des Todes Jesu, aber mehr noch erfüllte sie die Freude über die Auferstehung des Herrn.

Paulus rügt mit scharfen Worten Missstände beim „Herrenmahl", das damals noch in Verbindung mit einem gemeinsamen Essen abgehalten wurde (1 Kor 11,17–34). Er mahnt auch, sich selbst zu prüfen, bevor man von dem Brot isst und aus dem Kelch trinkt. Denn sooft ihr dies tut, sagt Paulus, „verkündet ihr den Tod des Herrn, bis er kommt" (1 Kor 11,26). Das Herrenmahl ist Gedächtnis an den Tod Jesu, drückt aber gleichzeitig

Meister Nikolaus von Verdun
„Das Opfer des Melchisedech"
Erstes Bild der 7. Reihe des sog. Verduner Altars; Emailarbeit; um 1181
Leopoldskapelle des Augustinerchorherrenstifts Klosterneuburg

„Melchisedech, der König von Salem, brachte Brot und Wein heraus."
(Gen 14,18)

Ursprünglich diente der „Altar" mit den 51 Emailbildern als Verklei-
dung einer Kanzel. Bilder vom „sich erfüllenden Erlösungswerk" sind
dabei in 30 Szenen aus dem Ersten Testament eingebettet. So befindet
sich die Tafel des Abendmahls Jesu zwischen dem Opfer des Melchisedech und der Einsammlung des Manna in der Wüste. Melchisedech tritt
in der Bibel als König des Friedens – *Salem* – auf und wird in Psalm 110
als Vorbild eines zukünftigen Priestertums genannt: Nicht blutige Tier-
opfer bringt er dar, sondern Brot und Wein. Im Ersten Hochgebet betet
der Priester in der Messe, Gott möge die Gaben annehmen „wie die
heilige Gabe, das reine Opfer deines Hohenpriesters Melchisedech".

auch die Sehnsucht nach seiner Wiederkunft aus. Die Emmaus-jünger erkennen die Gegenwart des Auferstandenen erst, als er mit ihnen das Brot bricht (Lk 24, 30).

Das Zeichen des Mahles, das Jesus als Gedächtnis hinterlässt, ist auch im Zusammenhang mit den vielen Mählern zu sehen, zu denen Jesus im Laufe seines Lebens eingeladen hat. Schließlich verweist er auch auf das endgültige Mahl im Reiche des Vaters, wo er aufs Neue aus dem Kelch trinken wird, den er den Jüngern gereicht hat (vgl. Mt 26,29).

Wieso dann heute die Überbetonung des Opfers?

Messopfer versus Abendmahl

Die Messe als Opfer zu sehen, scheint uns von der Auffassung der evangelischen Kirche von Eucharistie zu unterscheiden. Der Streit war in der Reformationszeit überaus heftig. Mit bissigen Worten polemisierte Luther gegen den „vermaledeiten Götzendienst" des Messopfers. Seine Sorge war – durch manche Entartungen in der Messpraxis nicht unbegründet –, das einmalige, heilschaffende Kreuzesgeschehen werde durch Menschengemach entwertet und entleert, insofern hier menschliche Darbringung gleichen Rang beansprucht wie das Kreuzesopfer Jesu.

Der Irrtum entsteht, wenn man den Opfergedanken aus den anderen Religionen übernimmt. Aber das Priestertum Jesu Christi ist anders. Theodor Schneider erklärt dies so: „Hier wird der Kultgedanke ganz entscheidend personalisiert: Das Leben ist der Kult, das Sterben wird zum Gottesdienst, die traditionelle Unterscheidung zwischen Priester und Gabe, zwischen Opfernden und Opfer ist aufgehoben. Was sein ganzes Leben entscheidend prägt, kulminiert im Kreuzesgeschehen: Er macht sich selbst zur Gabe."

Aber braucht Gott dieses Opfer? Schneider argumentiert weiter: Wenn wir von Opfer sprechen, schauen wir wie selbstverständlich auf das, was wir Gott zu geben hätten. Die neutestamentliche Aussage ist umgekehrt: Gott selbst handelt, er ist der Initiator dieses Opfers, er drückt seine Liebe zu uns aus in dem restlosen Einsatz Jesu bis hin zur völligen Selbstpreisgabe. Wenn also vom Opfer in der Eucharistie gesprochen wird, dann geht es grundlegend zunächst darum, die Hingabebewegung von Gott zu uns wahrzunehmen, zu empfangen und dafür zu danken.

Können wir den Opfergedanken nicht doch auch mit den Lutheranern teilen?

Trennt uns dann der Opfergedanke wirklich so von den Lutheranern? Darüber hat es in den vergangenen vier Jahrzehnten unzählige Fachgespräche gegeben, die zu vielen Konvergenzen geführt haben. In Vorbereitung auf den Ökumenischen Kirchentag 2003 in Berlin haben prominente katholische und evangelische Theologen die Gemeinsamkeiten diskutiert und in einem lesenswerten Buch „Eucharistische Gastfreundschaft" publiziert. Dort heißt es in Gemeinsamkeit: „Wir feiern das Abendmahl als Lobopfer und Danksagung an Gott den Vater für alles, was er in Schöpfung, Erlösung und Heiligung für die Welt getan hat und tut. Dieser Dank und dieses Lobopfer schließen ein, dass wir uns Gott hingeben im Gebet und Bekenntnis, im Tun und Leiden und im Dienst am Nächsten." Für uns Katholiken ist es aber auch „ein wirkliches Sühneopfer", wird betont, wie es in den Dokumenten des Konzils von Trient heißt (DH 1743). Aber kein Opfer *in sich,* neben oder zusätzlich zum Kreuz, sondern Eröffnung des einen sühnenden Opfers Jesu Christi auf die konkrete Gemeinde hin. In dem Maße, wie die Kirche zum Leib Christi wird, lässt sie sich selbst zur Opfergabe machen (vgl. Röm 12,1) und zum priesterlichen Gottesvolk. Und Opfer der Kirche kann Eucharistie insofern genannt werden, als auch die Christen am Schicksal Jesu Christi teilhaben, getauft auf seinen Tod, *in* und *aus* Christus leben.

Theologen sind weiter, als es die Kirchenleitungen annehmen

Von Seiten des katholischen Lehramts wird noch immer fast ängstlich der Opfergedanke hochgespielt. So betonte Papst Johannes Paul II. in seinem Apostolischen Schreiben *Mane nobiscum Domine* zum Jahr der Eucharistie 2004 – leider wurde die eben zitierte gemeinsame Erklärung nicht erwähnt –, dass unter den verschiedenen Aspekten der Eucharistie jener des Gastmahls am meisten ins Auge fällt, weil die Eucharistie im Kontext des Paschamahls am Abend des Gründonnerstags entstanden ist. Aber er fügte fast besorgt hinzu: „Dennoch darf nicht vergessen werden, dass das eucharistische Mahl auch und zuerst einen tiefen *Opfercharakter* besitzt."

Als die sogenannten Schweizer Hochgebete ihre letzte Fassung bekamen und dann erst in Deutschland offiziell zugelassen wurden, hat man eigens noch ein Gebet mit Hinweis auf den Opfercharakter der Messe eingeschoben. Dort heißt es: „Wir feiern das Opfer Christi, das er uns aufgetragen hat …"

Auch im erneuerten Messritus ist bei der Gabenbereitung die Aufforderung an das Volk vorgesehen: „Betet, Brüder und Schwestern, dass mein und euer Opfer Gott dem allmächtigen

Vater wohlgefalle." Und das Volk antwortet: „Der Herr nehme das Opfer an aus deinen Händen …" Das ist die deutsche Fassung des *Suscipiat* aus der früheren Messe, jenes Gebet, das damals lateinisch auswendig zu lernen den Ministranten große Mühe bedeutete. Ich lasse diese Aufforderung an die Gemeinde bewusst aus, weil ich fürchte, dass sie missverstanden werden kann. „Mein und euer Opfer …" Verdunkelt das nicht das einzige Opfer Jesu Christi?

Sorge um ein verfälschtes Gottesbild,
Priesterbild und Messverständnis

Wird der Opfergedanke einseitig betont und nicht richtig erklärt, lässt dies an einen Gott denken, der unbedingt Opfer braucht.

In der Kapelle der Wiener Hofburg ist auf der Tür des Tabernakels dargestellt, wie Abraham sich anschickt, seinen Sohn Isaak zu töten. Das kann so ausgelegt werden, dass Gott zwar den Abraham vor dieser Tat zurückhielt, selber aber nicht verhindert hat, dass sein Sohn „geopfert" wurde. Kein Wunder, wenn Gläubige, die das sehen, noch immer das Bild eines unbarmherzigen Gottes haben, der offensichtlich Opfer braucht, sogar das seines Sohnes.

Papst Benedikt XVI. hat als junger Theologe in seinem Buch *Einführungen in das Christentum* davor gewarnt: „Von manchen Andachtsbildern her drängt sich dem Bewusstsein dann geradezu die Vorstellung auf, der christliche Glaube an das Kreuz stelle sich einen Gott vor, dessen unnachsichtige Gerechtigkeit ein Menschenopfer, das Opfer eines eigenen Sohnes, verlangt habe. Und man wendet sich mit Schrecken von einer Gerechtigkeit ab, deren finsterer Zorn die Botschaft der Liebe unglaubhaft macht." Auch ein übergroßes Kreuz im Altarraum verstärkt die einseitige Erinnerung an Jesu Hinrichtung und Tod.

Wo der Opfergedanke überbetont wird, erscheint der Priester allzu leicht wie ein Kultdiener, der im Namen der Kirche Gott das geschuldete Opfer darbringt. Nur er ist wichtig, der Priester, der diesen Kult gültig vollzieht. Die Gläubigen aber sind nur „Zuschauer" dieser Repräsentation des Kreuzesopfers.

Wo der Opfergedanke bei der Messe überbetont wird, scheint die Teilnahme am „Tisch des Herrn" nicht wesentlich zu sein. Gerade die durch das Konzil erneuerte heilige Messe lädt uns aber zur vollen Teilnahme ein. Wir dürfen der Einladung des Auferstandenen zum Mahl folgen.

Die Urkirche hat sich zum Mahl versammelt in übergroßer Freude, dass der Auferstandene in ganz neuer Weise mitten unter ihnen ist, mit ihnen Mahl hält, ganz und gar in sie eingehen will. Wie wenig erlebt man heute – auch in der erneuerten Liturgie – von dieser Begegnung mit dem Auferstandenen!

Mahlgemeinschaft mit Jesus

Die Eucharistie als Mahl versteht man nur recht, wenn man betrachtet, was das Mahl im Leben und Wirken Jesu bedeutet hat. Beim Mahl zeigt Jesus, wofür er eigentlich gesandt ist: Verlorene in die Heilsgemeinschaft aufzunehmen, das neue Gottesvolk zu versammeln, auf die Vollendung hinzuweisen. So will er auch nach seinem Weggang gerade im Zeichen des Mahles sein Wirken und sein „Mitsein" mit den Menschen fortsetzen und die Sehnsucht nach seiner Wiederkehr wachhalten.

Andrej Rubljow
„Die heilige Dreifaltigkeit"
Troitsa oder *Troica*-Ikone, 1425–1427, 114 × 141,5 cm
Staatliche Tretyakov Galerie, Moskau

„Abraham wartete ihnen unter dem Baum auf, während sie aßen." (Gen 18,8)

Die Dreifaltigkeitsikone von Andrej Rubljow gilt als einer der Höhepunkte
der russischen Malerei. Ihre Botschaft – Gott ist Gemeinschaft – ist durch das
gemeinsame Mahl ausgedrückt. Das Speisegefäß im Zentrum darf als „Kelch
der Eucharistie" gedeutet werden. In der Komposition des Bildes kehrt der
Kelch mehrfach wieder: Im Tisch, der einem Altar gleicht, und in der bergen-
den Anordnung der beiden äußeren Gestalten. Die dritte Gestalt, Christus, ist
Inhalt und Mitte, die einlädt, in diese Liebe einzutreten.

Das Mahl der Sünder

Es fällt auf, dass in Jesu Tischgemeinschaft die Sünder eine besondere, scheinbar bevorzugte Rolle spielen. „Er isst mit Zöllnern und Sündern!", wirft man ihm vor (Mt 9,9–13; Mk 2,13–17; Lk 5,27–32). Ja, er ist zu den Sündern gesandt, nicht zu den Selbst-Gerechten, verteidigt er sich.

Noch deutlicher wird es in der Parabel vom Festmahl bei Lukas 14,15–24. Von den Geladenen lassen sich viele entschuldigen, wegen Acker, Ochs und Frau. (Heute hört man andere Ausreden, wenn man nicht zur Messe kommen will, aber das Muster ist dasselbe.) Da schickt der Herr seine Diener aus, um die Armen, die Krüppel, die Blinden und die Lahmen von der Straße zu holen. Es waren die Verachteten im Lande. In der Parallelstelle bei Mt 22,10f. heißt es noch deutlicher: „Die Diener gingen auf die Straßen hinaus und holten alle zusammen, die sie trafen, Böse und Gute, und der Festsaal füllte sich mit Gästen."

Beim Pharisäermahl nach Lk 7,36–50 ist eine stadtbekannte Sünderin dabei, die ihm die Füße salbt. Aus lauter Liebe zu Jesus ist sie heimlich gekommen und hat sich hinter ihm auf den Boden gekauert. Der Gastgeber ist entsetzt. „Weiß er denn nicht, wer sie ist?" Jesus verteidigt ihre Anwesenheit. „Ihr sind viele Sünden vergeben, weil sie (mir) so viel Liebe gezeigt hat" (Lk 7,47).

Das alles macht nachdenklich. Ist Eucharistie ein Mahl der Sünder oder nur der vorher ganz Gereinigten? Die Kongregation für den Gottesdienst hat für das Jahr der Eucharistie 2004 Empfehlungen abgegeben. Sie schreibt: „Die Eucharistie fördert die Umkehr und reinigt das Herz des reuigen Sünders, der sich seiner eigenen Schwäche bewusst ist und nach Gottes Vergebung verlangt. Dennoch ersetzt sie nicht die sakramentale Beichte, die für die schweren Sünden der einzige ordentliche Weg zur Versöhnung mit Gott und der Kirche ist" (n. 22,2). Und der Weltkatechismus sagt: „Die Eucharistie stärkt die Liebe und diese neu belebte Liebe tilgt die lässlichen Sünden" (KKK n. 1394).

Das Lehramt ist also klar, aber es wird oft vergessen, dass die Eucharistie gerade auch ein Weg zur Sündenvergebung ist, nicht nur Belohnung für „Gerechte". Wird vergessen, dass der Bußritus am Beginn der heiligen Messe, das Hören der Schrift und der Empfang des stärkenden Brotes tatsächlich Sünden tilgt. Die Präzisierung der Gottesdienstkongregation drängt die Frage auf: Was sind die schweren Sünden, die erst durch die Beichte vergeben werden müssen? Zu leichtfertig hat man angenommen, dass ohnehin die meisten Menschen von schwerer Sünde belastet sind und daher vorher beichten müssen. Allzu vieles hat das kirchliche Gesetz unter schwerer Sünde verpflichtet: den Besuch der Sonntagsmesse, das Freitagsfasten, und die Sünden gegen das 6. Gebot – so lernte ich in den 1950er Jahren noch in der Moraltheologie – seien alle schwer, ließen keine „Geringfügigkeit" – auf Latein: keine *parvitas materiae* – zu. Aber schwere Sünde zieht streng genommen den Verlust der heiligmachenden Gnade nach sich, trennt also meine Beziehung zu Gott vollends. Ob das so oft vorkommt?

Freilich steht beim Mahl nach Mt 22,11 die abschreckende Mahnung, nicht ohne hochzeitliches Kleid zu kommen. Obwohl dieses Mahl eschatologisch zu deuten ist, es also um letzte Verurteilung geht, erinnert es an die Mahnung des Paulus an die Korinther: „Jeder soll sich selbst prüfen; erst dann soll er von dem Brot essen und aus dem Kelch trinken. Denn wer davon isst und trinkt, ohne zu bedenken, dass es der Leib des Herrn ist, der zieht sich das Gericht zu, indem er isst und trinkt" (1 Kor 11, 28).

Es geht nicht um Sünden allgemein, sondern um den Gnadenstand. Wer urteilt darüber? Papst Johannes Paul II. nahm in der Enzyklika *Ecclesia de Eucharistia* am 17. März 2003 darauf Bezug: „Das Urteil über den Gnadenstand kommt offensichtlich nur dem Betroffenen zu, wobei es sich hier um eine Gewissensfrage handelt" (n. 37,2). Ist allerdings das äußere Verhalten, so setzt er hinzu, in schwerwiegendem Widerspruch zur moralischen Norm, dann besteht die pastorale Sorgepflicht der Nichtzulassung. Klingt das nicht wie ein Widerspruch? Wird hier der Mensch nicht mehr nach dem formalen Gesetz als nach seiner inneren Haltung beurteilt?

Hier drängen sich sehr konkrete Fragen auf, die auch die Spiritualität der Eucharistie berühren. Wer lädt eigentlich ein? Wer stößt sich an den Sündern? Wer muss wirklich ausgeschlossen werden? Was ist mit hochzeitlichem Kleid heute gemeint? Müsste man nicht differenzierter über schwere Sünde nachdenken, wenn sie den Ausschluss vom Liebesmahl bewirkt, und müsste man nicht das Gewissen der Einzelnen ernster nehmen?

Papst Franziskus hat zum Thema Zulassung zur Eucharistie in seinem Apostolischen Schreiben *Evangelii gaudium* n. 47 mutige und sehr trostvolle Worte gefunden. „Die Eucharistie ist nicht eine Belohnung für die Vollkommenen, sondern ein großzügiges Heilmittel und eine Nahrung für die Schwachen. Diese Überzeugungen haben auch pastorale Konsequenzen und wir sind berufen, sie mit Besonnenheit und Wagemut in Betracht zu ziehen." Und dann bringt er ein drastisches Bild: „Häufig verhalten wir uns wie Kontrolleure der Gnade und nicht wie ihre Förderer. Doch die Kirche ist keine Zollstation, sie ist das Vaterhaus, wo Platz ist für jeden mit seinen mühevollen Leiden." Auf solche Worte eines Papstes haben wir schon lange gewartet!

Italo-byzantinischer Meister
„Das Abendmahl"
Fresko, um 1100
Klosterkirche der Benediktinerabtei Sant'Angelo in Formis, Capua

„Als sie aber aßen, nahm Jesus das Brot,
sprach das Segensgebet, brach es und gab es den Jüngern."
(Mt 26,26)

Die Fresken von Sant'Angelo in Formis stehen noch in der Tradition
byzantinischer Mosaiken. Da liegt Jesus – deutlich erhöht – mit seinen
Jüngern „zu Tische" und spricht den Segen. Petrus, als einziger auf einem
Stuhl, hebt die Hand, als möchte er aufhalten, was bevorsteht. Der gierige
Griff des Judas nach dem Lamm bricht in die intime Atmosphäre ein und
kündigt die Dramatik des künftigen Geschehens an.

Das Mahl der Liebe

Jungen Menschen, besonders Firmlingen, versuche ich den persönlichen Zugang zur Eucharistie über das Motiv der Liebe zu öffnen. Mich rührt das Wort bei Lk 22,15: „Als die Stunde gekommen war, begab sich Jesus mit den Aposteln zu Tisch. Und er sagte zu ihnen: Ich habe mich sehr danach gesehnt, vor meinem Leiden dieses Paschamahl mit euch zu essen." Das drückt die Liebe zu den Jüngern aus, die er erwählt hat, Liebe offenbar zu allen, auch zu Judas. Das ist Liebe im Abschied. Das gibt dem „letzten Abendmahl" die Deutung, dass er auch später in diesem Mahl bei ihnen sein will und wird.

Im vierten Kanon der heiligen Messe beten wir vor dem Einsetzungsbericht: „Da er die Seinen liebte, liebte er sie bis zur Vollendung." Und da lag einer, der Jünger, den Jesus liebte, an seiner Seite, der als Einziger noch in aller Ratlosigkeit des angekündigten Verrates Worte findet (siehe Joh 13,23).

Besonders deutlich drückt das Johannesevangelium diese Liebe Jesu aus, wenn dort statt des Einsetzungsberichtes die Fußwaschung steht. Ich bedenke also: Der Herr neigt sich bei diesem Mahl zu mir, ja kniet vor mir. „Wenn ich dich nicht wasche, hast du keinen Anteil an mir" (Joh 13,8). Das heißt, aus Liebe eingeladen, ohne Verdienst, so wie man ist. Wer fernbleibt, hat diese Liebe nicht verstanden oder gar zurückgewiesen.

Mitten in diese Abschiedsstimmung kommt beim Abendmahl allerdings das vorwurfsvolle Wort: „Amen, amen, das sage ich euch: Einer von euch wird mich verraten" (Joh 13,21). „Bin ich es etwa, Herr?", fragt einer nach dem anderen (Mt 26,22). Offenbar kann es jeder sein. In dieser Stunde vertrauen sie sich selbst nicht mehr. Die Spannung löst sich, als Judas fragt: „Bin ich es etwa, Rabbi", und er hört: „Du sagst es" (Mt 26,25). Lothar Lies, der langjährige, leider zu früh verstorbene Dogma-tiker in Innsbruck, sagt dazu: „Dass gerade Judas im Abend-mahlssaal ‚entlarvt' wurde, zeigt an, dass die Nähe Christi den Sünder nicht scheut, aber seine Sünde bloßstellt. So auch die sakramentale Eucharistie." Und Lies nennt dieses Mahl so auch das „Mahl der Entlarvung".

Ob ich nicht bei der Kommunion, wenn ich an das viele Böse in der Welt und in meiner Umgebung denke, selbstkritisch fra-gen sollte: „Bin nicht auch ich es, Herr?" Kann Eucharistie auch ein „Mahl der Entlarvung" sein, bei dem ich mich angesichts der überwältigenden Liebe Jesu plötzlich selbst ganz neu sehe, erkenne?

Gedächtnis und Vermächtnis

Bei Firmpredigten versuche ich den Jugendlichen die heilige Messe auch vom Vermächtnis Jesu her zu erklären. Sie sollen an den Abschied eines ganz lieben Menschen denken. Dann erzähle ich vom letzten Abendmahl: Es herrscht eine gedrückte Stim-mung. Eine herzinnige Freundschaft mit tiefgreifenden Erleb-nissen scheint zu Ende zu gehen. Was wird aus der faszinieren-den Zeit an seiner Seite nun werden? Wenn doch er, wenn doch etwas von ihm bleiben würde! Da will Jesus ein Zeichen bleiben-der Gemeinschaft für die Zukunft setzen. Ein Andenken. Aber nicht so wie Menschen es tun, ein Bild, einen Gegenstand, son-dern sich selbst in einer neuen, wunderbaren Gegenwartsweise. „Nehmt und esst. Das ist mein Leib!" – „Trinkt alle daraus, das ist mein Blut." – „Tut dies zu meinem Gedächtnis" (Lk 22,19).

So will er bei ihnen bleiben, im gemeinsamen Mahl, in Brot und Wein, in einer Speise, in der er ganz in sie eingeht,

Friedrich Herlin (Werkstatt)
„Der eucharistische Schmerzensmann"
Epitaph für Paul Strauß in Nördlingen, 1469
Stadtmuseum Nördlingen

„Seht, mein Knecht wird groß sein und hoch erhaben.
Viele haben sich über ihn entsetzt, so entstellt sah er aus […].
Jetzt aber setzt er viele Völker in Staunen, […]
denn was sie niemals hörten, das erfahren sie jetzt."
(Jes 52,13–15)

Es ist ein Bild großen Trostes: Christus steht als der sanftmütige
Sieger über Sünde, Schmerzen und Tod vor einem kostbaren
Brokatvorhang. Durch seine Wundmale wachsen jetzt Kornhalm
und Weinrebe, die sich siebenmal verzweigen und zum eucharistischen Symbol werden: eine Traube und eine Ähre neigen sich zur
Rechten der Gestalt Christi hinein in den goldenen Kelch, aus dem
strahlend die weiße Hostie aufgeht. Brot und Wein werden zu Leib
und Blut Christi. Anbetend kniet davor der Stifter des Epitaphs.

Anno · dm̄ · M̄ · cccc · lxviij · ſtarb der erbar Paul ſtraus
am durſtag zu mut vaſten · der ſele got genedig ſey.

sie *ein* Leib mit ihm werden, vom gleichen Blut mit ihm. Ob junge Menschen verstehen können, wie ein Freund mit Fleisch und Blut, nicht nur mit einem Song oder Poster ganz unter ihnen bleiben kann? Dass Brot und Wein mehr sind als nur ein Symbol?

Erscheinungsmähler

Eine eigene Kategorie stellen die *Erscheinungsmähler* dar, wie sie die Evangelien berichten. „Bei der Mahlgemeinschaft mit Jesus nach seinem Tod sind die Jünger zur Erfahrung des Auferstandenen gekommen, zur Erfahrung der fortbestehenden Tischgemeinschaft mit dem Erhöhten" (Theodor Schneider). Christus als den Erhöhten erkennen am Brotbrechen. Das ist die große Herausforderung unserer Messgestaltung. Wann lassen unsere Eucharistiefeiern eine Begegnung mit dem Auferstandenen zu? Wer erlebt den Sonntag in unseren Gemeinden als „kleinen Ostertag"? Wie soll es aber dann zu einem spirituellen Erlebnis kommen?

Liturgisch ist vorgeschrieben, dass im Altarraum ein Kreuz sichtbar ist. Um der Vorschrift Genüge zu leisten, legen manche Priester sogar noch ein kleines Kreuz auf den Altar, obwohl ein großes im Presbyterium ohnehin sichtbar ist. Erschwert dieses Kreuz nicht bisweilen den Blick zum Auferstandenen? Sollte nicht zumindest die Osterkerze das ganze Jahr über dort stehen? Wir feiern nicht das Gedächtnis eines Toten, sondern voll Jubel, wie die Urkirche, dass er auferstanden ist, dass er lebt, ganz wirklich auch jetzt unter uns ist, im Mahl, durch das Mahl.

Die Mystik der Eucharistie und ihre soziale Dimension

Nach der feierlichen Proklamation des Einsetzungsberichtes über Brot und Wein sagt der Priester bei der heiligen Messe im Namen Jesu: „Tut dies zu meinem Gedächtnis." Die Gläubigen verstehen dies meist so, dass ich jetzt das Gedächtnis dessen wachgerufen habe, was Jesus beim letzten Abendmahl vor seinen Jüngern tat. Das Brot und den Kelch zu erheben und zu segnen. Das stimmt und ist doch nicht alles. Das Gedächtnis bezieht sich nicht nur auf die Erhebung der Gaben, das Dankgebet darüber und den Hinweis auf die neue Gegenwart des Herrn. Er will uns daran erinnern, dass er sich aus Liebe zu uns Menschen ganz hingegeben hat, eine Hingabe, die durch die Verwandlung in Brot und Wein zum Ausdruck kommt.

Tut dies zu meinem Gedächtnis – seid so gesinnt wie Christus Jesus

Wir haben weiter oben (Seite 58) daran gedacht, dass im Johannesevangelium an Stelle des Einsetzungsberichtes die Fußwaschung steht. Zum Schrecken seiner Jünger kniet sich Jesus vor sie hin und wäscht ihnen die Füße. Ein Dienst, den sonst nur Sklaven verrichteten. Jesus klärt sie auf. „Wenn nun ich der Herr und Meister euch die Füße gewaschen habe, dann müsst auch ihr einander die Füße waschen. Ich habe euch ein Beispiel gegeben, damit auch ihr so handelt, wie ich an euch gehandelt habe" (Joh 13,14). An diese Weisung sollte man in jeder Messe denken. „Ich habe euch ein Beispiel gegeben, damit auch ihr handelt, wie ich an euch gehandelt habe."

Sein ganzes Leben war ein Einsatz für die Menschen. Die Theologie sagt, die Tiefe des Wesens Jesu war die „Pro-Existenz", also das Für-andere-da-Sein. Das Kreuzesopfer, an das das gebrochene Brot und der Wein im Kelch erinnern, war die Hingabe für die Welt, für Freund und Feind, für Heilige und Sünder. Das Ziel des Kreuzesopfers war die Versöhnung aller Menschen mit Gott und untereinander. Vom Kreuz noch hat er für die gebetet, die ihn gemartert und getötet haben. „Ich habe euch ein Beispiel gegeben, damit auch ihr so handelt."

Die Urkirche hat den sozialen Aspekt des Brotbrechens verstanden. Die Christen waren ein Herz und eine Seele. „Keiner nannte etwas von dem, was er hatte, sein Eigentum, sondern sie hatten alles gemeinsam. Es gab auch keinen unter ihnen, der Not litt" (Apg 4,32f.). Das klingt romantisch und man hat es zynisch als „Urkommunismus" bezeichnet. Die unmittelbare Form war zeitbedingt. Der Sinn aber ist, dass das Herrenmahl die Teilnehmer „umwandeln" soll in Menschen, die nach dem Beispiel dessen leben, der nun durch die Kommunion in ihnen lebt. Der sich also hingegeben hat für „alle", um Leid zu heilen und Frieden zu stiften. So wurden die Häuser, in denen das Brot gebrochen wurde, zu Zentren und Kraftquellen einer Veränderung der Welt.

Die Mystik des Sakramentes der Eucharistie hat sozialen Charakter

Vom 2. bis zum 23. Oktober 2005 hat in Rom eine ordentliche Vollversammlung der Bischofssynode über die Eucharistie stattgefunden. Papst Benedikt XVI. betont am 22. Februar 2007 in seinem nachsynodalen Schreiben *Sacramentum Caritatis* unter vielem anderen in Artikel 89 in überraschender Weise die sozialen Implikationen des eucharistischen Mysteriums. Er hält es für notwendig, die Beziehung zwischen Eucharistie und sozialem Engagement hervorzuheben.

Die Herausforderung durch das Wort Gottes einerseits, aber auch die Verpflichtung, die aus dem Gedächtnis der Hingabe Jesu an Gott und die Welt in der Eucharistie erfließt, müsste zu einer unvergleichlichen Kraftquelle für die soziale Erneuerung der Welt werden. Denn die Gedenkfeier des Opfers Jesu Christi dränge ja, „sich dem Dialog und dem Einsatz für die Gerechtigkeit zu öffnen. Aus diesem Bewusstsein entsteht der Wille, auch die ungerechten Strukturen zu verwandeln, um die Achtung der Würde des Menschen, der nach dem Bild Gottes geschaffen ist, zu gewährleisten." Der Papst wird noch konkreter, wenn er anlässlich der Eucharistie von der Speise der Wahrheit spricht und dem Elend der Menschen (Art. 90). Er denkt an die himmelschreiende Ungleichheit der Verhältnisse der Menschen, an die erschütternden Bilder der Flüchtlingslager. Die Speise der Wahrheit drängt uns, „die menschenunwürdigen Situationen anzuprangern". Und schließlich weist er auf die Soziallehre der Kirche hin: „Das Geheimnis der Eucharistie befähigt und drängt uns zu einem mutigen Einsatz in den Strukturen dieser Welt, um in sie jene Neuheit der Beziehungen hineinzutragen, die im Geschenk Gottes ihre unerschöpfliche Quelle hat" (Art. 91).

Liturgieerneuerung wäre einmal auch aus diesem Gesichtspunkt heraus zu überprüfen und ganz neu zu betreiben, damit das, was in der Liturgie gefeiert wird, tatsächlich zum Frieden und zum Heil der Welt dient. Die Kirche müsste noch viel „politischer" in ihren Gottesdiensten werden.

Sozialer Aspekt der Eucharistie –
für manche ein neuer Zugang

Zu Recht wird heute der Rückgang des Messbesuches besonders am Sonntag beklagt. Es gibt viele Gründe dafür. Die Verpflichtung unter schwerer Sünde, die noch in meiner Jugend so stark betont wurde, motiviert heute niemanden mehr. Der Abtprimas der Benediktiner Notger Wolf hat im Juni 2013 am Rande des Eucharistischen Kongresses in Köln die „Sonntagspflicht" sogar als eine „Fehlentwicklung" bezeichnet. Wie zur Zeit der ersten Christen müsste der Besuch des Sonntagsgottesdienstes doch „aus dem Herzen kommen". Durch die strenge Verpflichtung aber sei das Thema „von der Schiene des Glaubens und des Herzens auf eine juristische Bahn" gekommen. Die Eucharistie müsste packend sein und die Alltagsthemen der Menschen stärker zur Sprache kommen lassen.

In der Tat, plötzlich sind viele Menschen bei einem Gottesdienst, wenn er aus einem besonderen Anlass gefeiert wird.

Vor 1989 waren in Polen die sogenannten Friedensmessen fast wie politische Demonstrationen. Die Kirchen waren übervoll und wurden zum geschützten Raum, in dem sich Christen sogar mit Nichtglaubenden zu einem friedlichen Protest versammelten. Die Gewerkschaft Solidarność hat in der Danziger Werft Gottesdienste abgehalten und Beichtmöglichkeit eingerichtet und damit den Grund zum Sturz eines atheistischen Regimes gelegt. In der DDR trafen sich die Christen in Leipzig in großer Zahl zu Friedensgebeten. Kirche muss so gesehen immer wieder politisch sein. Sie macht dadurch aufmerksam auf die Weltverantwortung der Christen, gleichzeitig aber hat sie die Chance, Protestaktionen vor Exzessen zu bewahren.

Die Messe muss packend sein, sagte Notger Wolf, sie muss die Themen der Menschen ansprechen.

Neulich ist in einer Schule ein 14-jähriger Bub tragisch ums Leben gekommen. Bei der Begräbnismesse und nachher bei Gedenkgottesdiensten kamen die Mitschüler in großen Scharen. Hier war etwas, was ihr Leben zutiefst berührte. Gottesdienste nach Katastrophen führen die Menschen zu gemeinsamem Gebet und zu Solidarität zusammen. Die Katastrophe in Syrien war Grund zu Gebetsnächten. Jugendliche würden sich erwarten, dass die Messfeier in Verkündigung und Fürbitten zu einem Protest gegen so viel Ungerechtigkeit in der Welt wird. Ein neuer Zugang zur Messe könnte sich den Jugendlichen eröffnen, wenn ihnen Augen und Herz geöffnet werden für den, den wir feiern, der Opfer von Gewalt geworden ist, dessen Einsatz für Arme und Entrechtete mit dem Kreuzestod „belohnt" wurde. Die Jugend sollte erkennen, dass wir in der heiligen Messe den feiern, der Hass mit Liebe beantwortet und noch sterbend für seine Verfolger gebetet hat.

Das lenkt nicht ab vom „Eigentlichen" der Eucharistie, sondern macht deutlich, wie die Christen Freude und Hoffnung, aber auch Trauer und Angst mit den Menschen um sie herum teilen und in der Messe dazu mit sakramentaler Kraft motiviert werden.

Wozu gesendet?

In der alten lateinischen Messe hieß es am Schluss: „Ite missa est." Wir jungen Ministranten übersetzten das gerne mit „Geht hin, die Messe ist aus." Und wenn sie sehr lange gedauert hat, sagten wir besonders laut „Deo gratias" – Gott sei Dank. Jetzt heißt es: „Gehet hin in Frieden" und ich ergänze oft: „Gehet hin in *seinem* Frieden". Ich meine jenen Frieden, um den wir vor der Kommunion gebetet haben. Gesendet, um Frieden zu bringen: in die eigene Familie, in die Gemeinde, in die Gesellschaft. Im dritten Hochgebet sagen wir ja: „Dieses Opfer unserer Versöhnung bringe der ganzen Welt Frieden und Heil." Ich betone diesen Satz immer bewusst, um der mitfeiernden Gemeinde deutlich zu machen, welche Verantwortung wir durch die Feier dieses Opfers für die ganze Welt haben.

Jeden Tag werden hunderttausende Messen auf der ganzen Welt gefeiert, am Sonntag noch viel mehr. Wenn wir doch andächtiger, im Denken an und in Nachahmung Jesu feiern würden, wie sehr könnte, ja müsste sich dann die Welt um uns herum durch mehr als eine Milliarde Katholiken verändern. Die wahre Mystik der Messe ist eine soziale, eine politische.

Eucharistie – Brot des Lebens

Jesus hat als Zeichen seiner dauernden Gegenwart Brot gewählt. Das scheint sehr gewöhnlich, alltäglich zu sein. Aber Brot ist zugleich die Grundnahrung vieler, ist tatsächlich Lebens-Mittel. Wo Brot fehlt, bricht Hunger aus. Das zeigte die Hungersnot in Ägypten, das erfuhren die Israeliten auf der Wanderung in der Wüste, diesen Hunger stillt Jesus immer wieder auf wunderbare Weise durch eine Brotvermehrung.

Wie wertvoll Brot ist, hat meine Generation auch in unserer Zeit erfahren. In den letzten Wochen des Zweiten Weltkriegs und danach litten wir in Wien tatsächlich Hunger. Wir mussten uns lange um Brot anstellen, das uns nur in kleinen Rationen zugeteilt wurde. Ich war 14 Jahre alt und habe damals das Brot schätzen gelernt und sorgfältig mit meinen Geschwistern geteilt. Mir tut es heute zutiefst weh, wenn Brot weggeworfen wird.

Jesus wählt als Zeichen seiner Gegenwart das Brot, weil sein Bei-uns-Sein lebensnotwendig ist.

„Ich bin das Brot des Lebens"

Im 6. Kapitel des Johannesevangeliums führt uns die johanneische Gemeinde ausführlich in dieses Geheimnis des Glaubens ein. Es beginnt mit der wunderbaren Speisung der 5000. Jesus kennt die Not der Menschen. Was er gibt, ist überreich, zwölf Körbe voll bleiben noch übrig.

Dann folgt die Szene mit dem Sturm auf dem See. Jesus erweist sich als Herr über die Elemente. – „Fürchtet euch nicht, ich bin da."

Schließlich folgt die eucharistische Rede in der Synagoge von Kapharnaum. Die Menge, die ihm folgt, will ein Zeichen sehen, „damit wir dir glauben". Sie verweisen auf Mose, der den Vorfahren in der Wüste Brot vom Himmel gegeben hat. „Nicht Mose gab das Brot", entgegnet Jesus, „sondern mein Vater gibt euch das wahre Brot. Denn das Brot, das Gott gibt, kommt vom Himmel herab und gibt der Welt das Leben." Aber Jesus ist es, der vom Vater kommt, Jesus ist dieses Brot. – „Ich bin das Brot des Lebens, wer zu mir kommt, wird nie mehr hungern, und wer an mich glaubt, wird nie mehr Durst haben."

Die Menge wollte ihn zum Brotkönig machen. Sie würde sich mit einem Brot für alle Tage hier auf Erden begnügen. Aber Jesus ist gekommen, um den Menschen die Fülle des Lebens zu schenken, die weit über das Irdische hinausgeht. – „Wer von diesem Brot isst, wird in Ewigkeit leben."

Eucharistie ist das Brot des Lebens. Sie gibt Kraft zum Leben. Das eucharistische Brot erinnert an das Manna in der Wüste. Es hat Israel gerettet, es gestärkt auf dem weiteren Weg in das Land der Verheißung. Kommunion gibt Kraft in den Wüsten unseres Lebens.

Das Brot des Lebens erinnert an Elija, den großen Propheten. Als er des Lebens überdrüssig in die Wüste floh, setzte er sich unter einen Ginsterstrauch und wollte sterben. Da brachte ihm ein Engel Brot und Wasser. Er wollte nichts nehmen, bis ihn der Engel ermahnte: „Steh auf und iss, sonst ist der Weg zu weit für dich." Da denke ich, wie die Eucharistie, das „Brot der Engel", in der Glaubensnot notwendig ist, um weitergehen zu können, dorthin, wo man wie Elija Gott auf dem Horeb auf ganz neue Weise antrifft.

„Das Brot, das ich geben werde, ist mein Fleisch"

Als Jesus das in Kapharnaum sagte, schockierte er nicht nur die Menge. Selbst viele seiner Jünger verstanden das nicht und „wanderten nicht mehr mit ihm". Auch viele Menschen heute fragen bestürzt: „Wie kann er uns sein Fleisch zum Essen geben?" Die einen erschrecken, weil sie es rein sinnlich verstehen, die anderen sehen darin nur ein Symbol, um der Schwierigkeit der Erklärung zu entgehen.

Sein Fleisch, das ist der ganze Jesus, mit Leib und Leben, mit seinem Blut, das er für uns zu vergießen bereit ist. Und im Glauben an sein Wort wissen wir, dass er in diesem Brot, das er uns hinterlässt, wahrhaftig gegenwärtig ist, in seiner Selbsthingabe, in einer neuen Wirklichkeit als der auferstandene und erhöhte Herr. Als Speise will er gegenwärtig sein, um ganz in uns einge-

Aus der **Maciejowski-Bibel**
„Mannalese"
Buchmalerei, um 1250
Pierpont Morgan Library, New York

„Das ist das Brot, das der Herr euch zu essen gibt."
(Ex 16,14)

Die Maciejowski-Bibel, auch Kreuzfahrerbibel genannt, ist ein
überragendes Werk gotischer Buchmalerei mit einer abenteuerli-
chen Geschichte. Nachdem er Jahrhunderte verschollen war, tauch-
te der Codex 1604 wieder auf, als Geschenk des Krakauer Bischofs
Bernard Maciejowski für den persischen Schah Abbas, um über
ein gemeinsames Vorgehen gegen die siegreichen Türken zu ver-
handeln. Das Bild zeigt Mose im Gespräch mit Gott, während das
Manna, die weiße Köstlichkeit, von den Israeliten eingesammelt
wird und sie vor dem Verhungern rettet. Damit ist das biblische
Manna zum Symbol für die Eucharistie geworden: „Brot vom Himmel hast Du uns gegeben, das alle Erquickung in sich birgt."

hen zu können. „Wer mein Fleisch isst und mein Blut trinkt, der bleibt in mir und ich bleibe in ihm."

Jetzt rühren wir wohl am innigsten Geheimnis der Eucharistie, Jesus ganz in uns zu haben und ganz in ihm zu bleiben. Bei aller so notwendigen Betonung der gemeinsamen Feier der Messe ist diese ganz persönliche Begegnung mit Jesus der größte Schatz. Dabei werde ich nicht von der Gemeinde getrennt, sondern finde sie wieder als Leib Jesu Christi, den wir alle gemeinsam ausmachen.

Der Herr gibt sich uns zur Speise, weil er in uns sein und bleiben will. Würde der, der das erfasst, nicht eine ganz neue Beziehung zur Kommunion, zur Messe bekommen? Er in mir und ich in ihm!

„Wer dieses Brot isst, wird leben in Ewigkeit"

Wenn ich bei der Messe mit der Gemeinde gebetet habe „Herr, ich bin nicht würdig …", schließe ich oft an: „Wer von diesem Brot isst, wird in Ewigkeit leben." Das ist eine starke Aussage. Um es glaubhaft zu machen, beeile ich mich hinzuzufügen: „Das verheißt uns der Herr."

In seiner eucharistischen Katechese, wie sie das Johannesevangelium im 6. Kapitel wiedergibt, wiederholt Jesus. „Ich bin das lebendige Brot, das vom Himmel herabgekommen ist. Wer von diesem Brot isst, wird in Ewigkeit leben." Ja mehr noch: „Wer mein Fleisch isst und mein Blut trinkt, hat das ewige Leben und ich werde ihn auferwecken am Letzten Tag." Auf einmal eröffnet die Messe durch die Kommunion den Blick auf die Ewigkeit. Wir feiern ja dabei nicht nur das Gedächtnis von Tod und Auferstehung, sondern denken voll Sehnsucht (tun wir das?) an seine Wiederkunft.

Wenn man einem Sterbenden die Kommunion bringt, spricht man gerne von der „Wegzehrung". Sie ist mehr als das: Sie ist das Unterpfand für das ewige Leben, Vorwegnahme des ewigen Mahls.

Was fehlt, wenn man auf die Kommunion verzichtet?

Es fehlt die innigste und intimste Vereinigung mit Jesus schon in diesem irdischen Leben. „Wer mein Fleisch isst und mein Blut trinkt, bleibt in mir und ich in ihm", haben wir gehört. Das ist das wunderbare Geschenk der heiligen Kommunion.

Es ist unverständlich, dass der Kommunionempfang bei der heiligen Messe durch Jahrhunderte eine Seltenheit war. Das von Pius V. im Jahr 1570 vorgeschriebene neue Messbuch, die historisch gesehen tatsächliche „tridentinische Messe", hat die Kommunion der Gläubigen gar nicht vorgesehen. Die Messe war gültig und vermittelte Gnade, wenn der Priester kommunizierte. Erst Pius X. hat 1905 die häufige, sogar tägliche Kommunion erlaubt und angemahnt. Aber strenges eucharistisches Fasten ab Mitternacht – wie ich es selbst noch erlebte – und eine rigoristische Moral, die hinter so vielem eine schwere Sünde vermutete, haben weiterhin den Kommunionempfang schwer gemacht. Es störte wenig, da die Messe vor allem als Opfer gesehen der Kirche Gnade brachte, die Verbindung des Einzelnen mit Christus in der Kommunion wurde kaum beachtet. Nun aber ist nach den Worten Jesu selbst „sein Fleisch essen und sein Blut trinken" die innigste, intimste Vereinigung mit ihm. Wenn heute vielen, die sich danach sehnen, dennoch die Kommunion aus äußeren, rechtlichen Gründen verweigert wird, verwehrt man ihnen die innigste Vereinigung mit Jesus. Und es ist unbegreiflich, als

Entschuldigung dafür zu meinen, man könne ja die Messe auch ohne Kommunion andächtig mitfeiern oder die Kommunion eben nur geistlich empfangen.

Wer auf die Kommunion verzichtet, versäumt jene wunderbare reale Vereinigung mit Christus, der in uns sein will, damit wir ganz in ihm seien.

Pro multis – doch nicht für alle?

Ich bewahre einige wertvolle Erinnerungsstücke an Reinhold Stecher auf, von 1981 bis 1997 Bischof von Innsbruck und 2013 gestorben. Es sind meist Briefe, in schöner Handschrift geschrieben, in denen er Probleme der Kirche sorgenvoll darstellt, aber immer auch gute Auswege weiß.

Am 4. Jänner 2007 schrieb er mir zum Thema der von Papst Benedikt XVI. vorgeschlagenen neuen Übersetzung der Wandlungsworte „pro multis". Nach dem Konzil wurde im erneuerten deutschen Messbuch in Verantwortung der deutschsprachigen Bischofskonferenzen mit römischer Approbation das lateinische „pro multis" mit „für alle" übersetzt. Benedikt XVI. wollte das nun 40 Jahre später korrigieren, weil seiner Meinung nach die Übersetzung nicht korrekt sei. Es müsse doch heißen „für viele".

Die Vorgeschichte dazu ist etwas verworren. Für die Erstellung des deutschen Messbuches nach dem Konzil hatten die zuständigen Bischofskonferenzen zunächst vorgeschlagen, bei den Wandlungsworten „pro multis" mit „für die vielen" zu übersetzen. Bevor der Text aber endgültig in Rom eingereicht wurde, war dort die italienische Version mit „per tutti", also „für alle" genehmigt worden. Daraufhin haben die deutschsprachigen Bischöfe den Text in „für alle" geändert und noch einmal in Rom eingereicht. Rom hat diese Form genehmigt, sodass sie dann in das offizielle deutsche Messbuch übernommen wurde. Das Kirchenvolk hat also bei den Wandlungsworten seit 1975, als das deutsche Messbuch in Kraft getreten ist, immer nur „für alle" gehört. Benedikt XVI. wollte das fast 40 Jahre später ändern. Übrigens findet man die Version „für alle" neben der italienischen auch in der englischen, spanischen und portugiesischen Übersetzung.

Im erwähnten Brief legte Stecher nun seine Überlegungen dazu bei, auf einer alten Schreibmaschine getippt, mit zahlreichen Tippfehlern, aber theologisch völlig korrekt. Dem Änderungsvorschlag des Papstes setzte Bischof Stecher exegetische, dogmatische und pastorale Überlegungen entgegen.

Stechers exegetische Klarstellung

Reinhold Stecher beruft sich dabei auf die Interpretation der Einsetzungsworte, wie sie Joachim Jeremias schon 1935 in seinem grundlegenden Buch „Die Abendmahlsworte Jesu" gegeben hatte. Er versuchte zu zeigen, dass hier das Wort „viele" ein Semitismus sei und daher nicht von der griechischen Wortbedeutung, sondern von den entsprechenden alttestamentlichen Texten her gelesen werden müsse. Das Wort „viele" bedeute aber im Alten Testament die „Gesamtheit", sei also mit „alle" zu übersetzen. Außerdem, so Joachim Jeremias, besitze das Hebräische und Aramäische kein eigenes Wort für „alle".

Joseph Ratzinger zitiert diese Ausführungen von Jeremias im zweiten Teil seines Buches *Jesus von Nazareth* (2010) und gibt zu, dass diese Auslegung lange Zeit zum theologischen Allgemeingut gehört habe. „Inzwischen ist aber dieser Konsens unter den Exegeten zerbröckelt. Die überwiegende Mehrheit geht heute dahin, dass ‚viele‘ in Jes 53 und an anderen Stellen zwar eine Gesamtheit bezeichne, aber nicht einfach mit ‚alle‘ gleichgesetzt werden könne." Im Anschluss an den qumranischen Sprachgebrauch, so Ratzinger, gehe man davon aus, dass mit Gesamtheit bei Jesaja und Jesus Israel gemeint sei, und erst mit dem Übergang des Evangeliums zu den Heiden das Sühnesterben Jesu universalistisch sichtbar geworden sei.

Stecher versäumt es nicht, auch auf verschiedene austauschbare Verwendungen von *viele* und *alle* im Griechischen des Neuen Testaments hinzuweisen. Und er schließt: „Das lateinische ‚pro multis‘, wie es im lateinischen Messbuch steht, muss also auf diesem exegetischen Hintergrund gesehen werden. Freilich setzt dieses ‚für alle‘ immer auch voraus, dass der Einzelne sich dem Heilsangebot öffnet."

Dieser Exegetenstreit ist wissenschaftlich interessant, aber für das einfache gläubige Volk nur schwer verständlich. Noch dazu, wenn dadurch die Wandlungsworte nach fast vierzig Jahren eine „einengende" Änderung erfahren. Joseph Ratzinger hat als Papst Benedikt XVI. in seinem Jesusbuch den Übersetzungsstreit neu entfacht. Zu diesem Buch schreibt er selbst, dass es „in keiner Weise ein lehramtlicher Akt ist, sondern einzig Ausdruck meines persönlichen Suchens nach dem Angesicht des Herrn." Dann aber hat er doch am 14. April 2012 in einem Brief an die deutschsprachigen Bischöfe mit Nachdruck verlangt, in der neuen deutschen Übersetzung des lateinischen Missales das „für alle" durch „für viele" zu ersetzen. So soll es nun auch in der endgültigen deutschen Übersetzung des lateinischen Missales stehen.

Die dogmatische Frage

In der Kirchengeschichte wurde immer wieder darüber gestritten, wem das Heil zukommt, aber der Streit wurde eindeutig entschieden: Das Heil gilt allen. Dass der Tod Jesu nicht für alle gilt, wurde sogar als häretisch verurteilt. Ganz deutlich hat sich auch das Zweite Vatikanische Konzil u. a. in *Lumen Gentium* zum allgemeinen Heilswillen Gottes ausgesprochen. Aloys Grillmeier schreibt in seinem Kommentar zu *Lumen Gentium*: „Die Kirche ist nach der Auffassung des Konzils die Konkretisierung und geschichtliche Demonstration des allgemeinen Heilswillen Gottes." Der umfasst aber auch die, „welche den Schöpfer anerkennen, unter ihnen besonders die Muslime, die sich zum Glauben Abrahams bekennen und mit uns den einen Gott anbeten. Aber auch die anderen, die in Schatten und Bildern den unbekannten Gott suchen, auch solchen ist Gott nicht fern, da er allen Leben und Atem und alles gibt" (LG 16).

Die pastorale Konsequenz

Schließlich aber sieht Reinhold Stecher in der Übersetzung „für viele" auch ein eminent pastorales Problem. Er denkt an die wachsenden Herausforderungen der Seelsorger in einer säkularen Gesellschaft, wo der Glaube immer mehr zu schwinden droht und viele die Kirche verlassen. Für sie ist der tiefe Glaube an den Heilswillen des göttlichen Erlösers einfach ein großer Trost, ein Trost, „der eben bis in das Allerheiligste, bis in die Wandlungsworte hereinschwingt, den großen Augenblick, in dem der verunsicherte Seelsorger wieder Boden unter den Füßen fühlt. In dem Wort ‚für alle' schwingt die Hoffnung mit, dass Gottes Gnade viel weiter reicht als sein armseliger Aktionsradius und dass es Siege der Gnade gibt, von denen wir keine Ahnung haben." Stecher denkt dabei an die Gespräche mit weit über tausend Priestern bei Exerzitien, die er gehalten hat. Und schließlich fürchtet er, dass durch die neue Übersetzung sogar eine Spaltung der Priester bis hinein in die Wandlung kommen könnte, wenn die einen so, die anderen so den Einsetzungsbericht verkünden werden.

Dieser Furcht schließe ich mich an. Benedikt XVI. hat in seinen letzten Jahren als regierender Papst vieles versucht, um die Ehrfurcht vor der Eucharistie zu heben. Ist nicht zu fürchten, dass nun im heiligsten Augenblick der Eucharistiefeier mehr auf die „neue Übersetzung" geachtet wird als auf das wunderbare Geschehen? Und viele werden sich fragen, warum. Nicht die exegetischen Überlegungen werden das Volk beeindrucken, sondern der Zweifel, ob das Heil nun nicht mehr für alle, sondern nur für viele ist.

Dafür tragen auch die Bischöfe Verantwortung. Seinerzeit haben sich die deutschsprachigen fast einstimmig gegen eine Änderung ausgesprochen. Als Benedikt XVI. ihnen aber im April 2012 diesen Brief schrieb, haben sie seinem Vorschlag zugestimmt. Mindert äußere Loyalität die Mitverantwortung der Bischöfe mit dem Papst? Hat hier schließlich doch der Theologieprofessor über den Hirten gesiegt?

Gott sei Dank ist dieser Streit noch nicht zu Ende, er hat nun eine neue Wende bekommen. Papst Franziskus fordert jetzt die Bischöfe auf, sich ihrer Mitverantwortung mit ihm bewusst zu werden. Erste Früchte zeigen sich, wenn Bischöfe nun öfter und offener als bisher ihre Stimme erheben. Ein Beispiel scheint aber auch zu sein, dass die Deutsche Bischofskonferenz bei ihrer Tagung in Fulda 2013 wider Erwarten die schon vorliegende neue Übersetzung des Messbuches nicht genehmigt hat. Damit wird auch die Änderung in „für viele" auf nicht absehbare Zeit verschoben. Franz-Josef Ortkemper, langjähriger Direktor des Katholischen Bibelwerkes in Stuttgart, schrieb dazu: „Man sollte die Zeit zu einem neuen Nachdenken nutzen. Aus pastoralen Gründen, die sehr schwer wiegen, sollte man an der bisherigen Übersetzung festhalten."

4. Kapitel
Was die liturgische Erneuerung bremst

Die liturgische Erneuerung wurde nach dem Konzil zunächst freudig begrüßt. Bald nach dem Konzil setzte aber auch eine Gegenbewegung ein und heute hat man den Eindruck, dass die Erneuerung zum Stillstand kommt, ja von manchen eher ein „Zurück" zur alten Liturgie gewünscht wird. Wo liegen die Gründe dafür?

Wachsende Kritik an der Liturgieerneuerung

Die Erneuerung der Liturgie durch das Konzil wurde meist sehr gut aufgenommen und machte rasch Fortschritte. Das erlebte ich als Pfarrer in Laa an der Thaya. Später war ich Zeuge davon bei der Wiener Diözesansynode (1969–1971) und bei vielen Pfarrbesuchen in der ganzen Erzdiözese Wien. Wir waren in Österreich durch die Liturgische Bewegung von Pius Parsch gut vorbereitet. Vieles wurde schon vorher „praktiziert", was nun Allgemeingut geworden war. Dennoch wuchs bald Kritik „von unten", die dann noch „von oben" verstärkt wurde.

Das erfreulich Neue

Der Volksaltar wurde wie selbstverständlich angenommen. Man wohnte ja der heiligen Messe nicht mehr nur bei, wie man früher sagte, sondern feierte sie gemeinsam gleichsam „rund um den Altar". Die liturgischen Rollen wurden gut aufgeteilt: Lektor, Kantor, Mystagoge, Ministranten, Organist, Chor und Instrumentalisten, schließlich auch eine mitsingende und mitbetende Gemeinde. Eine echte *actuosa participatio*, wie es das Konzil vorgesehen hat, verwirklichte sich.

Eine Vielzahl von Gottesdienstformen wurde wiederentdeckt. Es konzentriert sich nicht mehr alles nur auf die Eucharistiefeier. Wortgottesdienste aller Art werden gefeiert, das Stundengebet wird mit der Gemeinde gebetet, Meditationen gehalten. Dabei kommen gerade von der Jugend kreative Modelle, die in zeitgemäßer Sprache neue Formen der Betrachtung, des Gebetes und der Anbetung ermöglichen. Die Gottesdienste beziehen stärker als früher die ganze Wirklichkeit des Lebens ein. Es wird versucht, Schriftworte, Fürbitten, das sakramentale Geschehen zu „aktualisieren". In der erneuerten Liturgie gibt es auch nach den offiziellen Weisungen Platz für mehr Spontaneität.

Der „Tisch des Wortes" wird jetzt reicher gedeckt. Predigten gehen viel öfter als früher von den vorgetragenen Bibelstellen aus. Wo immer auch „Laien" predigen wollen, ist das nicht ein „Herandrängen" an priesterliche Funktionen, sondern dahinter steht der Gedanke, dass die Deutung des Gotteswortes von einem sehr breiten Erfahrungsbereich ausgehen soll. Dazu kommt, dass wir gerade im deutschen Sprachraum ein großes Reservoir von theologisch sehr gut gebildeten „Laien" haben.

Aber die Erneuerung blieb nicht ungestört, bald meldete sich Kritik von verschiedenen Seiten.

Peter Paul Rubens
„Das Letzte Abendmahl"
1631/32, Öl auf Leinwand, 304 × 250 cm
Pinacoteca di Brera, Mailand

„Jesus sprach das Dankgebet, brach das Brot und sagte: Das ist mein Leib für
euch. Tut dies zu meinem Gedächtnis! (1Kor 11, 23–25)

Als Altarbild für die St.-Rombout-Kathedrale in Mechelen malte Rubens dieses
große Abendmahl. Es stellt den Augenblick der Einsetzung der Eucharistie dar.
Auffallend ist dabei die Betonung des Buches, dem – erhöht über der Mahlgemeinschaft – mit zwei brennenden Kerzen ein besonderes Augenmerk geschenkt wird. Fast eine künstlerische Vorwegnahme: Seit dem II. Vatikanischen
Konzil ist vom Tisch des Brotes und Tisch des Wortes die Rede. Wer sich an
diesem Tisch nährt, hält auch dem fragende Blick des Verräters stand.

Wachsende Kritik aus konservativen Kreisen

Es gehört heute in vielen Kirchenkreisen fast schon zum guten Ton, die Nüchternheit der erneuerten Liturgie zu beklagen und von der „Mystik" der vorkonziliaren Liturgie zu schwärmen. Ein gewisser Trend geht wieder mehr zur „alten" Liturgie. Ich bedauere diesen Trend, weil dadurch eine so wichtige Frucht des Konzils nicht weiterreift. Über die kritischen Argumente bin ich oft wegen ihrer Oberflächlichkeit erstaunt. Was das Konzil wollte, hat man offenbar nicht begriffen.

„Diese Gitarrenmessen mit Keyboard, wer will denn das noch?", höre ich öfter. Die Jugend will es, weil sie sich damit auf ihre Weise ausdrücken kann. Und ich ermuntere die Jugend in den Pfarren oft, eine eigene Band zu gründen. Wo das geschieht, feiern die jungen Leute lieber mit, gibt es eine größere Nähe zur Eucharistie.

„Die Priester machen ihre eigenen Texte, bis hinein in das Hochgebet. Sie stören damit die Einheit", lautet ein weiterer Vorwurf. Ich halte das auch nicht für gut, vor allem weil die Texte oft dilettantisch sind. Aber schuld daran ist, dass es offiziell viel zu wenig neue, gute Texte gibt.

„Der Gottesdienst verlangt Objektivität, aus Ehrfurcht vor dem Geschehen, aber auch im Blick auf die Gesamtkirche. Wo immer der Priester seine momentanen Gefühle zur Schau stellt, wird es peinlich", wird eingeworfen. Objektiv aber heißt nicht streng nach den Rubriken, unpersönlich oder lebensfremd. Liturgie muss immer etwas mit dem Leben, auch mit der gegenwärtigen Verfasstheit der Gläubigen zu tun haben. Und Feier schließt auch Spontaneität und Emotion mit ein.

Die Sprache. Plötzlich treten wieder viele für das Latein ein. Ein renommierter Professor der Wirtschaftsuniversität klagte mir einmal nach einem Vortrag: „Meine Hörer kommen aus verschiedenen Ländern. Dann doziere ich auf Englisch und sie verstehen mich. Und die Kirche gibt eine weltweite, universale Sprache wie das Latein leichtfertig auf!" Ich entgegnete ihm: „Ihr Englisch verstehen alle Hörer, Latein aber versteht heute niemand mehr." Aber vielleicht braucht es das auch nicht? Ein junges Mädchen, das für sich wieder die „alte Messe" entdeckte, fragte ich, ob sie Latein kann. Sie verneinte. „Dann verstehen Sie ja die wichtigsten Teile der Messe nicht!" „Man muss nicht alles verstehen", antwortete sie. Manche sehen das gar nicht als Nachteil. Für sie war die alte Messe, in „fremder" Sprache eben doch viel „mystischer". Ein furchtbarer Missbrauch des Wortes Mystik. Mystik ist die ganz persönliche, oft unerwartete Begegnung mit Gott, nicht aber die Flucht ins Unverständliche.

Was die Kritiker noch bestärkt

Kritik kommt von prominenten Katholiken und sie bleibt nicht bei äußeren Formen stehen, sondern geht bis in die Substanz. In der neuen Liturgie sei etwas vom Wesen der Kirche verloren gegangen, sagen manche. Der Philosoph Robert Spaemann und der Schriftsteller Martin Mosebach meinen, „nur in dieser (der alten) Form sei das Wesen der Kirche am vollkommensten ausgedrückt".

Leider sprechen auch manche Bischöfe zu einseitig von „Eigenmächtigkeiten", „Fehlentwicklungen" oder „Wildwuchs" in der Liturgie heute, ohne das Positive zu sehen. Zu fragen ist, was sie selbst bisher in ihren Diözesen zur Liturgieerneuerung im Sinn des Konzils beigetragen haben und ob sie, wo wirklich „Wildwüchse" entstanden sind, diese zu „zähmen" versuchten.

Unterstützung und Ermutigung bekamen die Kritiker auch durch einschlägige Zeitschriften. Darunter ist vor allem *Trenta Giorni* (Dreißig Tage) zu nennen, eine Zeitschrift, die unter besonderer „römischer" Patronanz stand. Vielfach sammelte man dort auch polemische Kritik an der neuen Liturgie, mit Unterstellungen, als ob dort nicht mehr der rechte Glaube wiedergegeben werde. Unter anderem las ich dort, dass ein Priester, der nur das „kleine (Apostolische) Glaubensbekenntnis betet und nicht das Nicäno-konstantinopolitanische", zeige, dass er Probleme mit der Gottheit Christi habe. Und wer das „Orate fratres" auslässt, zweifle offenbar am Opfercharakter der Messe. – Am 5. Juli 2013 wurde diese Zeitschrift eingestellt.

Leider fühlen sich viele auch durch das Buch *Der Geist der Liturgie* von Joseph Ratzinger (2000 erschienen) in ihrer Kritik höchstrangig bestätigt. Darin wird zunächst sehr tiefsinnig über den Kult an sich gehandelt und wie sich darin der Mensch mit dem ganzen Kosmos zur Verehrung Gottes verbindet. Im zweiten Teil aber geht der Autor konkret auf verschiedene Formen der liturgischen Erneuerung ein und spart nicht mit vehementer Kritik. Kardinal Ratzinger betont in diesem Buch ganz offen, das Konzil habe keine wirkliche Erneuerung gewollt, sondern nur eine Wiederentdeckung der alten Liturgie. Sie ist für ihn wie ein wertvolles Fresko, das im Lauf der Jahre übertüncht wurde und nun freigelegt werden soll. Das klingt aber mehr nach Restauration als nach Reform. Später als Papst hat er auch die neue Liturgie mit der „alten" Messe als durchaus austauschbar gesehen.

Die Trappisten von Mariawald in der Eifel kehrten zum „alten Usus" der Messe zurück, um die Vielfalt der Riten zu wahren.

Falsche Kritik an der Liturgieerneuerung
bringt auch das Konzil in ein falsches Licht

Für viele Menschen war die Liturgieerneuerung die sichtbarste Folge des Konzils. Liturgie war auch ein Hauptanliegen des Konzils und der Kirchenerneuerung. Papst Johannes Paul II. hat deutlich gesagt, die Erneuerung der Kirche und die Erneuerung der Liturgie sind untrennbar miteinander verbunden. Weil dem so ist, hätte man alle Kräfte aufbieten müssen, vor allem seitens der Bischöfe und Roms, die Weiterentwicklung der Liturgie in rechte und gemeinsame Bahnen zu bringen. Leider aber geschah das Gegenteil. Nicht wenige, die heute die neue Liturgie heftig kritisieren, geben für die Fehlentwicklungen dem Konzil selbst die Schuld.

Rom selbst behinderte die Liturgieerneuerung

Das Konzil hatte die Liturgiereform ja nicht abgeschlossen, sondern einen Prozess in Gang gesetzt. Es sollte ein neues Messbuch entstehen und der Ritus aller sieben Sakramente überarbeitet werden. Anfangs ging die Arbeit schnell voran, später bremste Rom selbst den Fortschritt und erweckte den Anschein, man wolle eine „Reform der Reform".

Über diese römische Vorgangsweise habe ich in meinem Buch „Im Sprung gehemmt" ausführlich geschrieben. Vielleicht hat mir gerade diese Kritik dann eine „vorwurfsvolle" Einladung zu einer „Vorsprache" in Rom eingebracht.

Der Fall Bugnini

Zur Durchführung der Liturgiereform setzte Papst Paul VI. 1964 das „Consilium ad exsequendam Constitutionem de sacra Liturgia" ein. Die Leitung übertrug er dem Erzbischof von Bologna, Giacomo Lercaro, Sekretär wurde Annibale Bugnini, Professor für Liturgik an der Päpstlichen Lateranuniversität und von 1959 bis 1962 Sekretär der Liturgischen Vorbereitungskommission des Konzils. Die Erneuerungsarbeit ging zügig voran. Lercaro und Bugnini lagen auf der gleichen Linie, beide hatten zunächst stets offene Türen beim Papst. Die liturgischen Bücher für die einzelnen Sakramente wurden überarbeitet, 1969 erschien das neue Messbuch.

Gleichzeitig mehrte sich die Zahl der Kritiker, die vor dem „Reformismus" Bugninis warnten. Dieser wollte 1966 für das „Consilium" ein neues Statut mit mehr Vollmachten approbieren lassen. Das lehnte der Papst ab. Seither war die Vertrauensbasis erschüttert. 1968 trat Lercaro zurück, ihm folgte der Abt von Einsiedeln Benno Gut, der noch einmütig mit Bugnini zusammenarbeitete. Im Zuge der Kurienreform wechselten mehrfach die Kompetenzen in liturgischen Fragen und Bugnini wurde 1976 unerwartet als Pro-Nuntius in den Iran „abgeschoben". Nach einer schweren Operation starb er 1982 in Italien. Seine Enttäuschungen hat er in einem stark biographisch gehaltenen Buch festgehalten.

Bugnini, die Schlüsselfigur der liturgischen Erneuerung, war stets heftigster Kritik seitens der Gegner der Reform ausgesetzt. Es entstand sogar das Gerücht, er hätte im Interesse der Freimaurerei gehandelt, „um durch die Verwirrung der Riten und der Sprache die Entchristlichung auszubreiten und Priester, Bischöfe und Kardinäle gegeneinander aufzuhetzen". Wieder war es die Monatszeitschrift *Trenta Giorni*, die solche Gerüchte ausführlich verbreitete.

Nach Bugnini gab es in Rom keine bedeutende Kraft mehr, welche die Liturgieerneuerung weitertreiben wollte oder konnte. Vielmehr war man besorgt, nicht zu viel vom Schatz der überlieferten Liturgie zu verlieren. Eigeninitiativen draußen in der Weltkirche wollte man um der Einheit willen abstellen. Die nun folgenden Weisungen aus der Kongregation für den Gottesdienst hatten meist restriktiven Charakter.

Die Instructio Quinta –
Versuch einer Reform der Reform?

Am 28. März 2001 erschien die *Instructio Quinta* mit den Anfangsworten *Liturgiam authenticam* (Die authentische Liturgie). Alle Formen der Übersetzung liturgischer Texte, aber auch die Neufassung von Gebeten und Andachten in den Diözesen wurden akribisch festgelegt und an die Kongregation rückgebunden. Was wollte die *Instructio* letztlich? Es wird deutlich ausgesagt. „Diese Instruktion möchte dafür sorgen und Maßnahmen treffen, dass eine neue Zeit der Erneuerung anbricht, die mit der Eigenart der Tradition der Teilkirchen übereinstimmt, aber auch den Glauben und die Einheit der gesamten Kirche Gottes sicherstellt." Es ging also deutlich um die Wahrung der Tradition und um die Sorge, die Einheit, ja den Glauben der gesamten Kirche sicherzustellen, was offenbar im Zug bisheriger Erneuerung bedroht erschien. Eine „neue Zeit der Erneuerung"?

Liturgiam authenticam entfachte eine heftige Diskussion und rief viele Kritiker auf den Plan. Ein prominenter Vertreter war der Abtprimas der Benediktiner Rembert Weakland, von 1977 bis 2002 Erzbischof von Milwaukee. In einem Artikel in der Jesuitenzeitschrift *Stimmen der Zeit* (2002/7) fasste er die letzten römischen Maßnahmen die Liturgie betreffend zusammen und vermutete darin ein Symptom für eine allgemeine Tendenz zur Restauration in der Kirche. Er fürchtete eine „Reform der Reform". Aber er wollte die heftige Kontroverse nicht anheizen, sondern versuchte einen Konsens in der Kirche darüber zu erreichen, „was bei der Erneuerung wirklich vorteilhaft war und was an der gegen sie gerichteten Kritik berechtigt ist".

Am 14. November 2009 hat Erzbischof Piero Marini, der von 1987 bis 2007 päpstlicher Zeremoniär war, die Ehrendoktorwürde an der theologischen Fakultät in Freiburg in der Schweiz erhalten. In seiner Laudatio hieß es, er habe in seiner Amtszeit modellhaft gezeigt, „wie in Treue zur Tradition der Kirche und mit situationsbezogener Kreativität eine Umsetzung vom liturgischen Buch in die Feier der Liturgie im Sinne der Inkulturation des Glaubens gelingen könne". In seiner Antwort betonte Marini, „die gesunde Überlieferung soll gewahrt bleiben, doch dem berechtigten Fortschritt soll die Tür aufgetan werden". Schon 2005 hatte Marini in seinem viel beachteten Buch „Liturgia e bellezza" (Libreria Editrice Vaticana) die Grundsätze der erneuerten Liturgie erläutert. Bei den Besuchen von Papst Johannes Paul II. in Österreich 1988 und 1998 begleitete ihn Marini. Er hat uns damals im persönlichen Gespräch erzählt, wie er gemeinsam mit dem Papst versuche, den Geist der Liturgieerneuerung gerade bei den Auslandsreisen deutlich zu machen. Unter Benedikt XVI. gab er dann am 22. Oktober 2007 sein Amt als Zeremoniär auf. Grund war nicht nur das erreichte Alter.

Der Zugang zur „alten" Messe wird immer weiter geöffnet

Am 3. Oktober 1984 wurde den Diözesanbischöfen in einem Brief der Gottesdienstkongregation die „Vollmacht" erteilt, die Feier der heiligen Messe nach dem sogenannten tridentinischen Ritus zu gestatten, aber nur für Gruppen, in eigens dazu bestimmten Kirchen unter Verwendung des Missales von Pius V. in der Ausgabe von 1962. Auflage war, dass von denen, die so feiern, die Gültigkeit der Eucharistiefeier nach dem neuen Missale nicht in Frage gestellt wird. Die Nachfrage, so erinnere ich mich, war nicht groß.

Am 7. Juli 2007 erließ dann Papst Benedikt XVI. das Motu proprio *Summorum Pontificum.* Darin gestattete er die Messfeier nach dem Missale von 1962 als „forma extraordinaria" des *einen* römischen Ritus. Fast werbend stand dabei, dass dies der Ritus des von Johannes XXIII. 1962 promulgierten römischen Messbuches sei, während erstaunlicherweise nicht gesagt wurde, dass die beiden Messformen sich nicht nur dem Ritus nach unterscheiden, sondern auch nach dem ihm zu Grunde liegenden Kirchenbild. War der frühere Ritus ein Abbild einer einseitig hierarchisch gesehenen Kirche und in Folge eine reine Priesterliturgie, so ist der neue Ritus nach dem Kirchenbild als Volk Gottes und damit die Feier der Messe auch eine der ganzen Gemeinde mit dem Priester.

Zwei Gründe mögen Benedikt XVI. zu diesem Motu proprio bewogen haben. Einmal, um damit den Piusbrüdern entgegenzukommen. Er hoffte ja immer noch, sie aus dem Schisma wieder zurück in die Gemeinschaft der Kirche zu bringen. Zum anderen aber zeigte sich erneut, dass Joseph Ratzinger mit der Weiterentwicklung der neuen Liturgie keinesfalls einverstanden war. Die Piusbrüder kamen leider nicht zurück, dafür führte diese Entscheidung aber fast zu einer Spaltung in der Kirche. Jedenfalls hemmte sie eine so notwendige Weiterentwicklung der Liturgie der heiligen Messe. Mir fallen erneut die Worte Johannes Pauls II. zum 25-jährigen Jubiläum der Liturgiekonstitution ein, wo er sagte: „Die Reform der Liturgie und die Reform der Kirche sind untrennbar verbunden."

Was in der Liturgie
noch erneuert werden sollte

Die Erneuerung der Liturgie ist längst nicht zu Ende. Das Konzil hat eine Richtung gewiesen und in die ist man auch gegangen. Aber in den 50 Jahren danach hat man zusätzlich viele Erfahrungen gemacht und Gesellschaft und Kirchenvolk haben sich tiefgreifend verändert. Die Liturgie als Lebensquelle der Kirche muss auf diese Veränderungen eingehen und entsprechende, auch neue Antworten geben. Ich stoße bei meinen vielen Begegnungen mit den Pfarrgemeinden und vor allem auch bei den Firmungen auf viele Mängel, aber zum Teil auch auf gelungene Versuche, neue Wege zu finden.

Was ruft heute besonders nach Erneuerung?

Überarbeitung der Perikopen

Zunächst einmal eine Neubearbeitung der biblischen Texte, die beim Gottesdienst vorgetragen werden. Es geht um eine Revision der Übersetzung, aber auch um eine neue Auswahl. In der Vorbereitung auf die Predigt schaue ich meist auch auf den Kontext, in dem die offiziell ausgewählte Schriftstelle steht. Nicht selten zitiere ich dann einige Verse vorher oder nachher, um so die Pointe der Lesung noch besser zum Ausdruck zu bringen.

Ein Beispiel, das mir immer besonders zu denken gibt, ist die Szene, in der Jakob bei seiner Rückkehr vor dem Treffen mit Esau eine Nacht lang mit dem Engel um einen Segen ringt. Die Lesung ist für den Dienstag der 14. Woche im Jahreskreis I vorgesehen. Sie endet mit der Verletzung des Jakob an der Hüfte (Gen 32,32). Es war die Nacht vor der Begegnung mit Esau, die Jakob so fürchtete, da sein Bruder ihn ja töten wollte. Aber diese nun folgende Begegnung selbst wird uns in der Liturgie vorenthalten. Lese ich aber Gen 33 weiter, so berührt mich zutiefst, dass es dort wider alle Erwartung heißt: „Esau lief ihm entgegen, umarmte ihn und fiel ihm um den Hals, er küsste ihn und sie weinten." Diese wunderbare, eigentlich ganz unerwartete Versöhnung ist nur wenigen bekannt. Sie wird auch nie offiziell in der Liturgie verkündet. Warum eigentlich?

Wichtig wäre bei der Auswahl der Perikopen auch, die Eigenständigkeit der alttestamentlichen Lesungen zu beachten und sie nicht nur als zu erfüllendes Vorbild für das Evangelium zu sehen.

Erstellung neuer liturgischer Texte

Die Übersetzung der lateinischen Texte allein hat sich als unzulänglich erwiesen. Die Verwendung der Muttersprache in allen Teilen der Liturgie verlangt zusätzliche Texte, die dem Anlass noch mehr entsprechen und auswechselbar sind.

Es sollte daher etwa für den deutschen Sprachraum unverzüglich am Projekt Missale 2000 weitergearbeitet werden, das seinerzeit abgebrochen wurde. Ferner müsste den (erst zu schaffenden) lokalen liturgischen Autoritäten die Freiheit gewährt werden, neue Texte zu erstellen. Damit würde die Verkündigung reicher, aber auch der inzwischen eingerissene „Wildwuchs" persönlich gestalteter Texte, die oft auch theologisch kaum tragbar sind, eingedämmt.

Erlernen der „Ars celebrandi"

Eine neue „Kunst des Feierns" soll überall dort korrigieren, wo Banalitäten eingerissen sind und das Heilige nicht mehr erfahrbar wird. Andererseits darf sich diese Art der Erneuerung nicht ausschließlich auf der ästhetischen und objektiven Ebene und der Kunst im engeren Sinn abspielen. Zur *ars celebrandi* gehört vielmehr jene Kunst, die Liturgie jeweils so zu gestalten, dass sich die Mitfeiernden in das heilige Geschehen mit einbezogen fühlen und des Hereinbrechens von Gottes Wirksamkeit gewahr werden. Dazu gehört noch mehr Raum zu freier Gestaltung. Andererseits verlangt dies aber auch eine noch viel bessere liturgische Ausbildung der geweihten und nichtgeweihten „Liturgen", um jeweils den überlieferten Schatz einbringen zu können und die mit Recht geforderte Einheit der Kirche in den wesentlichen Belangen zu gewährleisten.

Eine ganz große Herausforderung ist die Feier der Liturgie mit Behinderten. Dazu braucht es ein besonderes Einfühlungsvermögen. Hier geht verantwortete Eigengestaltung sicher vor eine strenge Rubrikentreue.

Eine jugendgerechte Liturgie

Ich lasse mir vor der Firmung von den Jugendlichen Briefe schreiben, warum sie zur Firmung gehen, was ihnen Gott bedeutet und wie sie die Kirche sehen. Das Urteil über die heilige Messe fällt dabei meist sehr negativ aus. Gerade mit Blick auf die Jugend wären die Texte sowie Symbole und Riten neu zu überprüfen. Jugendliche zeigen in ihren „Szenen", wie viel ihnen gemeinsame Abzeichen, ja sogar Rituale bedeuten. Es wird behutsam zu prüfen sein, was man aus ihrer Lebenswelt in bestimmte Formen der Liturgie hereinnehmen kann, ohne dabei den Zugang zum Heiligen zu verbauen.

Liturgie jugendgerecht erneuern kann man nur im aufmerksamen Hinhören auf die Jugendlichen selbst und in gemeinsamer Suche mit ihnen. Es ist erstaunlich, welch lebendige Gestaltungen etwa heute in sogenannten „Jugendvespern" zu finden sind.

Dennoch bleibt die Frage offen, wie weit man die jungen Menschen gerade durch die bei ihnen so beliebten – übrigens auch sehr rasch wechselnden – Musikformen für die Eucharistiefeier selbst gewinnen kann. Versuche mit Rock-Musik, Techno, noch dazu in Discolokalen, scheinen die verantwortbare Grenze zu überschreiten. Zur Mitfeier der Messe kann nicht auf diese Weise geradezu „geködert" werden. Aber man sollte gerade für die Jugend neben der Messe auch andere Gottesdienstformen gestalten, wie es ja das Konzil vorsieht. Hier ist freier Raum für aktuelle Lesungen, szenische Gestaltung, selbst für Meditation, für die Jugendliche durchaus zu haben sind.

Eigene Liturgien für kirchlich Distanzierte

Die Frage, wie und wann man Sakramente für und mit Menschen feiern kann, die sonst dem Leben der Kirche entfremdet sind, wird sich immer mehr zuspitzen. Viele kommen gerade noch zu den großen Feiertagen, besonders zu Weihnachten, bringen ihre Kinder zur Taufe, auch wenn sie selbst vielleicht aus der Kirche ausgetreten sind, machen Erstkommunion und Firmung zu einem „Familientreff" und besuchen Begräbnisgottesdienste. Gerade Gemeinden, die besonderen Wert auf liturgische Gestaltung legen, geraten mit Rücksicht auf sogenannte „Fernstehende" dann in ein Dilemma. Rücksichtnahme auf jene ist geboten. Die jeweils feiernde Gemeinde sollte dies als eine besondere Herausforderung aufgreifen und die „Distanzierten" in einladender, entgegenkommender Weise für das Geheimnis zu öffnen suchen und sie bei der Feier „begleiten". Eine Schweizer Liturgiewissenschaftlerin hat das Bild vom liturgischen „Mitschwimmen" gebraucht. Liturgie sei noch nie eine Feier ausschließlich für Glaubende gewesen, meint sie. Vielmehr lasse im kirchlichen Glauben die Gemeinschaft den Einzelnen „mitglauben", „mitschwimmen", ohne selbst Schwimmbewegungen machen zu können. Sie können aber nachspüren, was es heißt, als Gläubiger vor Gott zu stehen, beten, ohne selbst zu beten.

Erneuerung der Liturgie kann in diesem Zusammenhang aber auch bedeuten, *neue liturgische Feiern* zu schaffen, um durch sie erst auf die „Vollform" der Sakramentenfeier vorzubereiten. Vielfach wird z. B. an eine Form der Kindersegnung bald nach der Geburt gedacht, die ein erster Schritt einer Taufkatechese für die Eltern und die ganze Familie sein könnte. Im Lauf des Kirchenjahres wäre zu überlegen, ob nicht Gottesdienste eingeführt werden könnten, die ein neues, heute verständliches Brauchtum initiieren. Man weiß, dass gerade Rituale, die den ganzen Menschen sinnenhaft ansprechen oder bei denen er selbst tätig werden kann, auch in der säkularen Gesellschaft eine erstaunliche Anziehungskraft haben. Das ist der Grund, warum so viele Menschen gerade bestimmte Riten

schätzen wie den Blasiussegen, das Aschenkreuz, die Palmen-
weihe, Formen von Prozessionen und Wallfahrten, vor allem
das Entzünden von Kerzen.

Zuständigkeiten neu regeln

In der Liturgiekonstitution *Sacrosanctum Concilium* hatte das
Konzil entgegen einer am Konzil von Trient eingeführten strengen Zentralisierung in Art. 22 § 1 die Autorität der Bischöfe „ad
normam iuris" betont und auch den örtlichen Bischofskonferenzen in § 2 Vollmachten eingeräumt. Derzeitige Tendenzen
vor allem der *Instructio Quinta* gehen genau in die Gegenrich-
tung. Es muss also zu einer Neuordnung der Zuständigkeiten
kommen. Dies fordert auch die so notwendige Inkulturation
auf regionaler Ebene.

Es müssten Stellen in den verschiedenen Kontinenten und
Kulturkreisen errichtet werden, die hohe Kompetenz in Gestaltung und auch Begleitung der jeweiligen Liturgieentwicklung
haben. Inkulturation kann nur dort erfolgen, wo die Kultur
gekannt, gelebt und auch in ihrer ständigen Entwicklung mit-
verfolgt wird. Es scheint, dass Papst Franziskus genau in diese
Richtung denkt und arbeitet, wie schon sein achtköpfiges Bera-
tergremium mit Kardinälen aus fünf Kontinenten zeigt.

Dabei müsste es wieder zu einer intensiven gemeinsamen
Verantwortung von Bischöfen und Liturgieexperten kommen.
Es war ja bedauerlich, dass etwa die „Internationale Arbeitsgemeinschaft der Liturgiekommissionen im deutschen Sprachraum" (IAG) 30 Jahre beste Vorarbeit für die Erstellung neuer
liturgischer Bücher geleistet hat und dann aufgelöst wurde. In
der Nachfolge gibt es eine Kommission, in der nur mehr Bi-

schöfe stimmberechtigt sind. In der Konzilskonstitution über die Offenbarung (DV 12) heißt es, dass den Exegeten die Aufgabe zukommt, auf eine tiefere Erfassung des Sinnes der Heiligen Schrift hinzuarbeiten, „damit so gleichsam aufgrund wissenschaftlicher Vorarbeit das Urteil der Kirche reift". Gilt das nicht in gleicher Weise für Liturgieexperten?

5. Kapitel
Eucharistische Schaufrömmigkeit

Es ist erstaunlich, dass aus dem euchaiistischen Brot, mit dem uns Jesus wunderbar sättigen wollte, ein Schauobjekt geworden ist. Man wollte damit demonstrieren, dass der Herr auch außerhalb der Messe im heiligen Brote gegenwärtig ist. Aber man begnügte sich mit dem Anschauen und vergaß, mit ihm im Mahl ganz und gar eins zu werden. Wie kam es dazu und was wurde alles daraus?

Wie es zur Schaufrömmigkeit kam

Die Geschichte der eucharistischen Frömmigkeit ist sehr bewegt. Josef Weismayer, emeritierter Professor für Dogmatik in Wien, hat dies in einem Artikel anlässlich des zehnten Jahrestages des Amtsantrittes von Kardinal Christoph Schönborn knapp, aber profund dargelegt, worauf ich mich hier auch stütze.

Ursprünglich wurde die Eucharistie nach dem Beispiel und der Weisung Jesu zu seinem „Gedächtnis" als das „Herrenmahl" in Gemeinschaft in den Häusern gefeiert. Eucharistische Frömmigkeit zeigte sich in der um Christus versammelten Gemeinde.

Jahrhunderte später wird die Eucharistiefeier fast ausschließlich eine Sache der Priester. Die Teilnahme der Gemeinde scheint nicht notwendig zu sein und wenn sie anwesend ist, wird der Kommunionempfang immer seltener. Die Messe wird zu einer besonderen Andachtsform des Priesters, der sie sogar öfter am Tag „liest". Papst Leo III. (795–816) soll bis zu sieben Mal an einem Tag Eucharistie gefeiert haben. Man war überzeugt, dass durch jede Messe besondere Gnaden vermittelt werden und dieser Gnadenstrom durch eine größere Zahl noch vermehrt würde.

Im Mittelalter kam es zu einer neuen Frömmigkeitsform, nämlich zur Anbetung der Eucharistie außerhalb der Messe. Dies geschah zunächst vor dem eucharistischen Brot, das man für Krankenkommunionen aufbewahrt hatte. Seit dem 13. Jahrhundert wuchs das Verlangen, die Hostie „anzuschauen", was zu einer ausgeprägten Form der „Schaufrömmigkeit" führte. Statt „essen" ging es jetzt um „schauen", wodurch man besonderen Segen zu empfangen meinte. Diese Schaufrömmigkeit nahm im Lauf der Jahrhunderte viele Formen innerhalb und außerhalb der Messe an, in „Aussetzung" des Allerheiligsten, in Sakramentsprozessionen, Segensandachten und Formen der Anbetung.

Was ist nun aus dem Herrenmahl geworden? Wie ist das alles noch im Blick auf den Stifterwillen Jesu zu verstehen?

Schaufrömmigkeit innerhalb der heiligen Messe

Im 9. und 11. Jahrhundert kam es unter den Theologen zu einem heftigen Streit über die Art der Gegenwart des Herrn in der Eucharistie. Einer mehr spiritualistisch-symbolischen Auslegung stand eine betont realistische gegenüber. In Reaktion auf eine rein symbolische Deutung, wie sie z. B. Berengar von Tours († 1088) vertrat, wurde das Augenmerk vor allem auf die Wandlung gelegt und auf die anbetende Bewunderung der Gegenwart des Herrn in der Hostie. Aber die war für die Gläubigen nicht zu sehen, da der Priester – mit dem Rücken zum Volk zelebrierend – diese verdeckte. So kam es gegen Ende des 12. Jahrhunderts in der Messliturgie zur „Elevation", d. h. nach den Einsetzungsworten erhob der Priester Hostie und Kelch hoch über seinen Kopf, damit sie für alle sichtbar sind. Nicht wenige Gläubige sahen darin den Höhepunkt der Messe und warteten die Kommunion gar nicht ab, die ohnehin nur selten gespendet wurde. Pius X., dem wir sonst ja eine deutliche Rückführung zur häufigen Kommunion und sogar die Kinderkommunion verdanken, hat noch 1906 einen eigenen Ablass für das Anschauen der Hostie bei der Elevation erlassen.

Theodor Schneider, ein hier schon öfter zitierter Experte der Sakramententheologie, berichtet, dass die selige Dorothea von Preußen († 1394) bis zu ihrem Lebensende ein großes Verlangen hatte, die heilige Hostie zu sehen, und wenn sie dieselbe auch hundertmal an einem Tag gesehen hatte, behielt sie immer noch das Verlangen, sie wieder zu sehen. Schneider versteht die heftigen Einwände Luthers, der übrigens selbst täglich die Messe feierte, gegen ein solch verändertes Eucharistieverständnis. Eucharistie sei doch nicht zum Schauen und Anbeten da, sondern zum Essen, sagte er zu Recht. Und eine Messe, in der nur der Priester kommuniziert, nicht aber die Gläubigen, ist für Luther ein Torso, ein Gerippe, gewissermaßen eine liturgische „Unvollendete". Ich selber aber hätte Dorothea von Preußen zu bedenken gegeben, ob sie nicht im ständigen Anschauen der Hostie übersehen habe, dass der Herr ihr auch in ganz anderen Gestalten begegnet, nämlich in den Hungrigen, Kranken, Armen, Ausgegrenzten, mit denen er sich ja selbst identifizierte.

Die Gläubigen konzentrierten sich also vor allem auf die Wandlung, da aber offensichtlich nur auf die Worte „Das ist mein Leib", „Das ist mein Blut". Die Einladungsworte Jesu, die der Priester vorher sprach, „Nehmet und esset", „Trinket alle daraus", beachteten sie nicht. Sie hörten sie ja auch gar nicht, weil sie der Priester leise sprach und dazu in Latein, einer Sprache, die sie gar nicht verstanden. Das Anschauen des Leibes Christi in der Hostie hatte den Empfang des Leibes Christi in der Kommunion verdrängt.

Warum der Kommunionempfang zurückgegangen ist

Bis zum 4. Jahrhundert war der häufige, oft tägliche Kommunionempfang üblich. Dann nahm er ab. Erstaunlicherweise begann das mit der sogenannten Konstantinischen Wende im Jahr 313. Die Kirche war jetzt frei, Christsein gehörte nun zum gesellschaftlichen Leben. Offenbar konzentrieren sich die Christen in der Unterdrückung und Verfolgung mehr auf das Wesentliche ihres Glaubens als in der Freiheit.

Mit dem 6. Jahrhundert nahm die Kommunionhäufigkeit dann aber radikal ab. Viele Gründe werden geltend gemacht. Aber einer war, wie Weismayer schreibt, „hausgemacht". Von den Eheleuten wurde vor dem Kommunionempfang Enthaltsamkeit verlangt. Gregor der Große († 604) wünschte, die Frauen sollten während ihrer monatlichen Regel der Kommunion fernbleiben.

Dazu kam, dass sich die Feier der Messe durch den Priester und die Kommunion der Gläubigen immer mehr auseinanderentwickelten. War es noch in den ersten Jahrhunderten selbstverständlich, in der Eucharistie, also in der Feier des Todes und

Jan Davidz. de Heem
„Eucharistie von Fruchtgirlanden umgeben"
1648, Öl auf Leinwand, 138 × 125,5 cm
Kunsthistorisches Museum Wien, Gemäldegalerie

„Darum lasst uns tief verehren / ein so großes Sakrament; […]
Unser Glaube soll uns lehren, / was das Auge nicht erkennt."
(aus dem Hymnus „Pange lingua" des Thomas von Aquin)

Im Zuge der Gegenreformation wurde in der flämischen Barockmalerei das
sogenannte religiöse Blumen- und Früchtestück von bedeutenden Malern
gepflegt. So hat Jan Davidz. de Heem ein eindrucksvolles künstlerischer Beispiel „eucharistischer Schaufrömmigkeit" geschaffen. Wie in einer Monstranz
erstrahlt über dem hohen Kelch die Hostie. Umgeben ist sie von virtuos ge-
malten Blumen und Früchten, die alle in einem symbolisch-religiösen Zusammenhang gesehen werden können. Trauben und Kornähren schmücken
natürlich bevorzugt den „Triumph der Eucharistie".

der Auferstehung des Herrn, diesen auch in der Kommunion zu empfangen, sah man die vom Priester zelebrierte Messe und die Teilnahme der Gläubigen immer mehr getrennt. Dafür begann man, den in der verwandelten Hostie gegenwärtigen Christus außerhalb der Messe zu verehren.

Eucharistische Anbetung außerhalb der Messe

Diese Schaufrömmigkeit erfuhr viele Ausformungen. Goldene Monstranzen wurden angefertigt, um die konsekrierte Hostie zu zeigen, über dem Tabernakel wurde ein eigener „Aussetzungsthron" errichtet. Messen wurden vor dem ausgesetzten Allerheiligsten gefeiert und an Sonntagen schloss die heilige Messe oft mit einem „eucharistischen" Segen. Das alles führte zu einem sehr unterschiedlichen Zugang zur Eucharistie und der ursprüngliche Mahlcharakter trat mehr und mehr in den Hintergrund.

Zu einer besonderen Form der Anbetung wurde das *Vierzigstündige Gebet.* Es wird zum ersten Mal 1527 bezeugt und wurde 1731 von Papst Clemens XII. in einer eigenen *Instructio* geregelt. Ich habe es noch in meiner Kindheit in der Pfarre erlebt. Die Dauer erinnert an die Grabesruhe des Herrn. Drei Tage lang wurde das Allerheiligste ausgesetzt und davor Messe gefeiert. Schon als Ministrant kam mir diese Verbindung eigenartig vor, Eucharistie feiern vor ausgesetzter Eucharistie! Auch die „Zeremonienmeister" hatten damit ihre Probleme. Das Zeremonienbüchlein der beiden Jesuiten Johann Baptist Müller und Johann Baptist Umberg, das noch in meiner „Jungpriesterzeit" galt, gab minutiöse Anweisungen, wie sich der zelebrierende Priester vor dem ausgesetzten Allerheiligsten zu verhalten habe. Er dürfe ihm nie den Rücken zukehren. Am Aussetzungsaltar sollte daher keine Kommunion ausgeteilt werden, sondern an einem Seiten-altar. Das klang besonders paradox! Und während der Predigt sei das *Sanctissimum* „durch einen Schleier zu verdecken". Wir Ministranten stellten die dafür vorgesehene Vorrichtung auf und hatten lästerliche Gedanken, warum gerade bei der Predigt der anwesende „Herr" verhüllt werden sollte.

Bis heute wird in manchen Diözesen die „*ewige Anbetung*" organisiert. Es gibt sie in zwei Formen. Einmal nach einem ge-nauen Plan an jedem Tag im Jahr in einer Pfarre. Die Teilnahme ist heute oft gering, aber der Ordnung wird Genüge geleistet. Eine andere Form aber ist, in bestimmten Kirchen oder sogar in kleinen Oratorien das Allerheiligste ständig zur Anbetung ausgesetzt zu lassen. Kardinal Meisner, ehemals Bischof von Köln, ist stolz darauf, dass seit dem Eucharistischen Kongress im Frühjahr 2013 in Köln gleichsam als Frucht dieses Kongresses nun in der Hauskapelle des Maternushauses das Allerheiligste zur „ewigen Anbetung" ausgesetzt wird.

Im Jänner 2014 eröffnete Kardinal Schönborn im neuen Exerzitienzentrum der göttlichen Barmherzigkeit für die Neu-evangelisierung, das indische Vinzentiner in der Nähe des Wie-ner Westbahnhofes leiten, eine Stätte für ewige Anbetung. Er verspricht sich davon in einer Problemzone der Großstadt einen Ort der Besinnung und der Einkehr.

Das Fronleichnamsfest

Eine Eucharistieverehrung mit ganz eigenen Folgen und Di-mensionen ist das Fronleichnamsfest. Es geht auf die Initiative frommer Frauen in der Diözese Lüttich um Maria von Oignies

(† 1213) zurück. Diese hatte eine Vision, in der ihr der Wunsch des Herrn vermittelt wurde, ein Fest zu Ehren des Altarsakramentes einzuführen. Nach anfänglichen Schwierigkeiten hat Papst Urban IV. († 1264) dieses Fest für die ganze Kirche verpflichtend gemacht. Die Deutung des Festes bekam durch die Sakramentshymnen des Thomas von Aquin eine spirituelle Tiefe.

Das Fronleichnamsfest wird bis heute mit einer Prozession feierlich begangen. Es gab vorher schon andere Prozessionen, nämlich Bitt- oder Dank-, Flur- und Wetterprozessionen. Sie waren zunächst ohne Allerheiligstes, später aber trug man in Anlehnung an die Fronleichnamsprozession neben anderen Symbolen und Heiligenfiguren gleichsam zur Erhöhung der Feierlichkeit auch die Monstranz mit. Übrigens erinnert der Ritus der Fronleichnamsprozession mit vier Altären, bei denen jeweils die Initien der vier Evangelien gelesen wurden, an alte Flurprozessionen.

Die Gestaltung der Fronleichnamsprozession und die damit verbundenen Bräuche bilden Gemeinschaft weit über die sonstige Kirchengemeinde hinaus. Ortschaften am Land werden an diesem Tag feierlich geschmückt, vier Altäre werden aufgestellt und es entsteht eine eigenartige Atmosphäre. Selbst in der Großstadt geht man mit dem Allerheiligsten durch belebte Straßen. Freilich bekommt man manchmal den Eindruck, die Eucharistie sei wohl der Anlass für diese Prozessionen, aber keinesfalls immer Zentrum und Mitte.

Inmitten einer säkularen Gesellschaft und besonders in der Großstadt gilt es, der alten Flurprozession neue Formen und auch Inhalte zu geben. Wie kann die Fronleichnamsprozession heute zu einem Bekenntnis zu Christus werden, das Teilnehmer und Beobachter verstehen?

Im Frühjahr 2000 war es in Österreich überraschend zu einer schwarz-blauen Koalition unter Bundeskanzler Wolfgang Schüssel gekommen. Die Kritik von innen und außen an der Beteiligung der Freiheitlichen Partei Österreichs (FPÖ) an der Regierung war sehr stark. Über Monate wurden jeweils am Donnerstagabend Demonstrationen quer durch die Stadt Wien organisiert, um diesem Unmut Ausdruck zu geben. In diesem Jahr hielt ich die Fronleichnamsprozession in der Pfarre St. Erhard in Mauer, einer Pfarre am Stadtrand von Wien. In Österreich feiern wir Fronleichnam immer an einem Donnerstag. Mir kam der Gedanke, nun über eine „Donnerstagsdemonstration besonderer Art" zu predigen. Diese Predigt will ich im Folgenden wiedergeben.

Die Donnerstagsdemonstration

Predigt in der Pfarre St. Erhard/Mauer (Wien XXIII)
am 22. Juni 2000

Seit Wochen sind Donnerstagsdemonstrationen zur Mode geworden. Jeden Donnerstag ziehen mehrere hundert Menschen durch die Innenstadt und signalisieren „Widerstand". Man weiß nicht genau, gegen wen und gegen was. Es scheint vieles zur Routine geworden zu sein. Mit Recht müssen sich die Demonstrierer die Frage gefallen lassen, was sie eigentlich wollen, was ihr Ziel ist.

Fronleichnam feiern wir auch immer an einem Donnerstag und in gewisser Weise demonstrieren auch wir. Es ist der Hohe Donnerstag, der Gründonnerstag, den wir heute gleichsam nachfeiern, an dem Jesus das letzte Abendmahl mit seinen Jüngern gehalten hat. Wir gehen auf die Straße und zu Recht stellt man auch uns die Frage: Was wollt ihr damit? Was zeigt ihr uns gleichsam her, in dem, was ihr tut? Wir sind diese Antwort den vielen schuldig, die uns sehen und innerlich nicht mitgehen. Wir sind diese Antwort aber auch uns selber schuldig, damit wir nicht in Versuchung geraten, dass Messe und Eucharistie zur Routine werden. Wir „demonstrieren" – das heißt zeigen – in aller Öffentlichkeit das Brot von einem Mahl eigener Art. Was bedeutet das?

Ein Mahl zur Erinnerung an die große Befreiung
Im Evangelium haben wir gehört, dass das letzte Abendmahl mit dem Pesachmahl zusammenhing. Das war das Erinnerungsmahl an die wunderbare Befreiung des Volkes Israel durch Jahwe aus der Knechtschaft Ägyptens.

Wann immer wir Eucharistie feiern, gedenken wir auch, dass uns Jesus durch sein Opfer am Kreuz von der Fessel der Sünde befreit hat. Es wäre gut, wenn bei jeder Messe dieser Gedanke sehr deutlich würde, der Gedanke an Befreiung, Erlösung, neuen Anfang, neues Leben.

Heilige Messe: die Feier der Befreiung aus der eigenen Schuld. Befreiung aber auch aus den Fesseln, die uns heute umgeben: die Ichsucht, von der wir alle angesteckt werden; die Konsumsucht, die uns nie mehr satt werden lässt; die Geltungssucht, um deretwillen wir andere für uns zu Knechten machen. Befreiung auch von politischen Grabenkämpfen, die dem jeweiligen Parteiinteresse dienen, aber das Gemeinwohl stören. Messe,

Erinnerung an Befreiung. Wir haben in Österreich genug Grund, für die Befreiung nach 1945 zu danken. Mit dieser Befreiung haben wir wieder die volle Verantwortung für dieses Land anvertraut bekommen und viele vor uns haben es unter höchstem Einsatz wieder aufgebaut. Wie nützen wir heute diese Freiheit im eigenen Land? Wie machen wir sie fruchtbar als Kernland in Europa?

Wir Christen feiern jeden Sonntag ein Mahl der Befreiung. Das wollen wir durch diese Prozession in aller Öffentlichkeit demonstrieren. Wir wissen aber auch, dass man dann von uns Christen zu Recht erwartet, den Geist dessen in die Gesellschaft hineinzutragen, den wir in der Brotgestalt am heutigen Tag durch die Straßen tragen und der uns die Hingabe bis zum Äußersten vorgelebt hat.

Ein Mahl, das mit der Fußwaschung begann

Im Johannesevangelium steht an Stelle der Szene, die wir heute im Evangelium hörten, die Fußwaschung. Jenes erschütternde Ereignis, wo sich Jesus gürtet, vor seinen Jüngern hinkniet und ihnen den damals niedrigsten Sklavendienst erweist, die Füße zu waschen. Diese Geste war so schockierend, dass Petrus aufbegehrte, er könne das nie und nimmer annehmen.

Dieser Dienst an seinen Brüdern zeigt vielleicht noch unmittelbarer als die Zeichen von Brot und Wein die Hingabe Jesu. Er kniet vor den Menschen, den sündigen Menschen. Gott kniet vor seinem Geschöpf.

Bei jeder Messe sollten wir uns daran erinnern, nicht nur am Hohen Donnerstag. Und immer, wenn wir bei der Wandlung hören: Tut dies zu meinem Gedächtnis, ist das eine Aufforderung, in diesem Geist den anderen zu dienen.

Wenn wir heute auf der Straße dieses Mahl und damit diese Geste „demonstrieren", dann wird man uns zu Recht beim Wort, bei der Bedeutung dieses Zeichens nehmen. Gelingt es den Christen besser als anderen, sich vor den Mitmenschen zu verneigen, gleichsam hinzuknien? Vor dem Menschen in allernächster Nähe, vor dem Ehepartner vielleicht? Vor dem ungeborenen Kind? Geistig vor der Würde des heranwachsenden jungen Menschen? Vor Fremden, Ausländern, den Alten und Hilflosen, vor allen, die einen dringend brauchen?

Ein Mahl, bei dem wir gedenken, wie er sein Fleisch und Blut für uns zu Markte getragen hat

„Das ist mein Leib, der für euch hingegeben wird." Haben wir nicht alle Angst, etwas zu verlieren, wenn wir zu viel von uns, von unserem Leben hergeben? Sind wir nicht ängstlich besorgt um uns? Die letzte Wertestudie hat ergeben, dass die Hinwendung zur Selbstentfaltung als oberstes Lebensprinzip gilt. Uns ist wichtig, dass wir aus der Vielfalt von Lebensentwürfen, Sinnstiftungen und Konsummöglichkeiten das herauspicken können, was uns begehrlich erscheint. „Rosinenmenschen" haben die Soziologen das genannt.

Ist dieses Mahl zu feiern nicht geradezu ein heilsames Gegenprogramm? Aber nicht, um den Menschen den berechtigten Wunsch nach Erfüllung des Lebens zu vergällen, sondern gerade um zur Fülle des Lebens zu gelangen. Wer jemals sein Leben wirklich eingesetzt hat für andere, vielleicht sogar unter Opfern für andere etwas hingegeben hat, erlebte, was er dafür alles gewinnt. Das Wort Jesu „Wer sein Leben verliert, wird es gewinnen" ist gar nicht so paradox, wie es heute klingt. Wenn wir Christen bei der Messe den Leib Christi empfangen, wissen wir, dass wir gleichsam in seinen Leib verwandelt werden. Dann müsste das in uns die Gesinnung jener Hingabe wecken. Merken Sie, welche Veränderung damit Christen in die Grundhaltung der Gesellschaft einbringen könnten? Wie der Zeitgeist sich verändern würde?

Ein Mahl, das auf das Ende der Zeiten hinweist

Jesus sagte: „Ich werde nicht mehr von der Frucht des Weinstocks trinken bis zu dem Tag, an dem ich von neuem trinke im Reiche meines Vaters." Dort ist die Vollendung. Wir Christen zeigen mit jeder Messe auf, was alles noch bevorsteht. Wir beten nach der Wandlung: „Deinen Tod, o Herr, verkünden wir und deine Auferstehung preisen wir, bis du kommst in Herrlichkeit." Das ist kein Vertrösten auf die ausgleichende Gerechtigkeit im Himmel. Das bedeutet viel mehr, den Blick auf das Ende, auf den Himmel offenzuhalten. Nur wer aus diesem Blick lebt, aus dieser Hoffnung schöpft, wird alles dransetzen, möglichst viel von diesem Reich der Himmel schon hier auf Erden zu verwirklichen. Eucharistie ist Vorwegnahme des ewigen himmlischen Mahles, aber zugleich Kraftquelle, das Irdische zu verklären.

Demonstration am Donnerstag. Zu Recht frägt man uns, was wir tun, was wir glauben. Für uns ist es wichtig, einmal im Jahr mit diesem Zeichen und mit dem Brot dieses Mahles auf die Straße zu gehen, um uns prüfen zu lassen, was uns die Messe bedeutet. Aber auch, um noch viel mehr Kraft aus ihr zu schöpfen, für unser Leben, aber auch für jenen Dienst an der Welt, zu dem uns Jesus Christus nach jeder Messe aussendet: „Geht hin, in seinem Frieden, in seiner Gesinnung der Hingabe, und bringt so der Welt den Frieden!"

Jesus in der Fußgängerzone

In der Großstadt braucht es viel Phantasie, die Fronleichnamsprozession so zu gestalten, dass sie glaubwürdig ist und auch den Verkehr nicht zu sehr stört.

Ein Beispiel erlebte ich in Meidling, das ist der 12. Wiener Gemeindebezirk. Drei Pfarren gestalteten hier das Fronleichnamsfest gemeinsam. Die Leute treffen sich jeweils in ihrer Pfarre und ziehen von dort in Prozession (ohne Allerheiligstes!) in die Meidlinger Hauptstraße. Das ist eine große Geschäftsstraße, die den Bezirk durchquert und eine Fußgängerzone bildet. Am Ende dieser Straße ist ein Pavillon, in dem sehr unterschiedliche Bezirksveranstaltungen stattfinden, Feste jeder Art und Konzerte. Dort trafen sich nun die Gruppen aus den drei Pfarren und feierten, sehr lebendig gestaltet, Eucharistie. Viele Leute scharten sich um den Altar im Pavillon. Aber auch viele öffneten ihre Fenster und schauten neugierig zu. In der Predigt sprach ich von „Jesus in der Fußgängerzone", vom Herrn, der mitten in der Flaniermeile, mitten in der Geschäftsstraße als Symbol weltlichen Treibens als eine neue Wirklichkeit dargestellt wird, welche die einen aus Gläubigkeit bekennen, die anderen aber, wenn auch mit Unverständnis, dennoch neugierig verfolgen. Der sehr bewegt gestalteten Messe folgte ein Art Volksfest. Auch Frömmigkeit hat etwas mit dem Leben zu tun, vor allem mit Freude.

Anbetung

Die eucharistische Anbetung ist ein spiritueller Schatz der lateinischen Kirche, den die Ostkirche nicht kennt. Diese Frömmigkeitsübung wurde nach dem Zweiten Weltkrieg wiederentdeckt und wird in der Gegenwart zunehmend popagiert und auch an vielen Orten geübt. Der Anstoß dazu ging nicht von frommen Frauen aus, wie beim Fronleichnamsfest, nicht von kontemplativen Orden oder charismatischen Bewegungen, sondern von der Kirchenleitung selbst, von ganz „oben".

Impulse zur eucharistischen Anbetung

Nach der Wiedereröffnung des Neumünsters in Würzburg nach dem Krieg hat der damalige Bischof Julius Döpfner eine tägliche Anbetung in der Kryptakapelle des Münsters ins Leben gerufen und sie zunächst den „Schwestern des Erlösers" anvertraut. Diese Tradition hat der jetzige Bischof Friedhelm Hofmann wieder aufgegriffen und will sie zum Mittelpunkt einer modernen Citypastoral machen.

Papst Benedikt XVI. hat sich in seiner Predigt am Fronleichnamstag 2012 vor der Lateranbasilika grundsätzlich mit dieser Art der Frömmigkeit auseinandergesetzt. Er weist Einwende zurück, dass durch die Anbetung außerhalb der Messe deren Feier zu wenig Beachtung fände. Die Verehrung der Eucharistie auf den Moment der Messfeier zu reduzieren sei eine einseitige Interpretation des Zweiten Vatikanischen Konzils und eine Fehldeutung der Heiligen Schrift. Vielmehr müssten beide Formen der Verehrung wieder ins rechte Gleichgewicht gebracht werden. Und die Verehrung des Allerheiligsten in der Anbetung schaffe in der Gemeinde das Ambiente, in dem in „wahrhaftiger und würdiger Weise die Eucharistie" gefeiert werden könne.

Kardinal Meisner sah als eine besondere Frucht des Eucharistischen Kongresses im Juni 2013 in Köln die Verbreitung der Anbetung, worüber er im Oktober 2013, noch vor seiner Emeritierung, einen eigenen Hirtenbrief an seine Diözesanen schrieb.

Auch Kardinal Christoph Schönborn wirbt unermüdlich für die eucharistische Anbetung und hat selbst in seinem Wochenkalender jeden Donnerstag eine eigene Zeit dafür reserviert.

Die Impulse zeigen Wirkung

Der Aufruf zur Anbetung wird vielfach aufgenommen und in verschiedenster Weise verwirklicht. Bei Weltjugendtreffen wird am Vorabend des Schlussgottesdienstes eine Abendandacht gestaltet, deren Höhepunkt eine eucharistische Anbetung ist. Bei Jugendvespern verharren die Jugendlichen still vor dem Allerheiligsten. Bei einem „Night fever", wie die Jugend eine neue Art von Jugendtreff nennt, baut sie diese Form der Frömmigkeit ein. In vielen Pfarren gibt es, besonders an Donnerstagen, Anbetungsstunden. Bei Tagungen und Diözesanversammlungen gehört heute schon fast gewohnheitsmäßig Anbetung dazu. Zu Abenden der Barmherzigkeit wird eingeladen, etwa auch in den Dom zu Stephan in Wien, wo das Allerheiligste ausgesetzt wird, Stille herrscht und gleichzeitig Beichtgelegenheit geboten wird.

Vor dem Altar steht eine „worry-box", in die man seine Sorgen „einwerfen" kann. (Was wohl dann damit geschieht?) Sogar kleine Privatoratorien bekommen die Erlaubnis, die Eucharistie aufzubewahren, und laden zur Anbetung ein.

Es ist damit eine neue Form der eucharistischen Frömmigkeit entstanden, die gewissermaßen auch den Reiz des Neuen hat. Sie wird als fortschrittlich in der liturgischen Gestaltung angesehen. Was zieht da so an?

Die Faszination

Als am Weltjugendtag mit Papst Benedikt XVI. in Köln in der Abendfeier vor knapp einer Million Menschen, vor allem Jugendlichen, die Monstranz feierlich hereingetragen wurde, trat eine unerwartete Stille ein. Der Papst freute sich sehr, weil er darin eine doch wiederkehrende Ehrfurcht vor der Eucharistie erlebte, die er sonst selbst bei Messfeiern zunehmend vermisste. Das Fernsehen machte viele Detailaufnahmen von Jugendlichen, die völlig gesammelt ins Gebet versunken erschienen. Auf die Frage, was sie so beeindruckt, antworteten sie, dass man hier ganz zur Stille kommen und sich „ausbeten" könne.

Als beim Eucharistischen Kongress in Köln bei der stimmungsvollen „Nacht des Lichts" vor dem großartigen Panorama der Kölner Altstadt in der Dämmerung die Monstranz feierlich hereingetragen wurde, rief man aus, „jetzt" ist Christus wahrhaftig gegenwärtig.

Wahrscheinlich trägt Verschiedenes zu dieser Faszination bei. Einmal die große Zahl von Gleichaltrigen, die gemeinsam beten und singen, und zwar in einem jugendgerechten Stil. Dann das Geheimnisvolle, wenn die Monstranz hell erleuchtet in die

Finsternis getragen wird. Bei Weltjugendtagen kommt noch die Anwesenheit des Papstes dazu, um dessentwillen man ja zu diesem Treffen gekommen war. Jugendliche beeindruckt aber auch, dass hier vor Tausenden von Menschen in aller Öffentlichkeit, von den Medien viel beachtet und kommentiert, etwas gefeiert, verehrt, gar angebetet wird, was im Alltag einer aufgeklärten Welt als längst überholt gilt.

In den Pfarren und kleinen Kreisen ist es die Stille, die fasziniert, in einer sonst so lauten Welt. Man kann zu sich kommen, einmal ruhig nachdenken. Es kommt die in der Geschichte der Kirche früher schon anders erlebte Sehnsucht dazu, zu „schauen". Das geheimnisvolle weiße Brot anzuschauen inmitten einer goldenen Monstranz.

In einem Pfarrblatt einer Landgemeinde wirbt eine Frau für die wöchentliche Anbetung am Donnerstagabend. Diese sei „Erholung pur für Geist und Seele". Und sie beschreibt die Andacht: „Gott im Allerheiligsten Sakrament des Altares loben, preisen, danken, bitten, anbeten, sich fallen lassen in die Arme Gottes." Und dann nach Hause gehen „mit tiefem Frieden im Herzen".

Was bei der eucharistischen Anbetung mitgedacht werden muss

1) Die eucharistische Anbetung muss immer in Zusammenhang mit der Feier der Eucharistie gesehen werden. Dort hat sie ihren Ursprung und zur innigeren Mitfeier soll sie ja auch führen. Trotz mehrerer Weltjugendtage, trotz Jugendvespern in Klöstern mit eucharistischer Anbetung scheint mir das bis jetzt nur in sehr geringem Maß gelungen zu sein. Jugendseelsorger klagen, dass von den Weltjugendtagen viele Erin-

nerungen bleiben und man sich auf das nächste Treffen freut, aber die aktive Teilnahme dieser Jugendlichen an der Eucharistiefeier in der eigenen Pfarre hat kaum zugenommen. Und wo ich Jugendlichen bei der Kommunion begegne, bei Feiern, Visitationsmessen oder sehr oft bei Firmungen, sehe ich kaum so gesammelte, verklärte Gesichter, wie sie das Fernsehen bei den genannten Großveranstaltungen eingefangen hat.

2) Der Grad der Frömmigkeit kann nicht daran gemessen werden, wie oft oder wie lang jemand anbetet, sondern wie sehr er im Geiste dessen, dem er nahe sein will, lebt und liebt.

3) Das Auskosten seiner Gegenwart in trauter Abgeschiedenheit darf uns nicht vergessen lassen, dass derselbe Herr in vielfach leidender Gestalt draußen in der Welt auf uns wartet.

4) Eucharistische Anbetung ist nur eine Form der Anbetung. Anbetung gehört zur religiösen Grundhaltung jedes Menschen. Sie ist die Anerkennung der absoluten Erhabenheit und Einzigkeit Gottes und die Anerkennung der vollständigen Abhängigkeit von ihm als Geschöpf. In der ganzen Schöpfung kann Gottes Allgegenwart und Allmacht erkannt und angebetet werden (Röm 1,19f., Ps 104; 136 u. a.). Eucharistische Anbetung soll hinführen zur umfassenden Anbetung Gottes in der Welt.

Wortgottesfeiern – mit oder ohne Kommunion?

Neben vielen anderen Andachtsformen, die zu feiern das Konzil ja ausdrücklich mahnt, gibt es heute in Gemeinden, an denen am Sonntag keine Eucharistie gefeiert werden kann, Wortgottesfeiern.

Wie ist es dazu gekommen?

Ich will hier Kardinal Julius Döpfner zu Wort kommen lassen. 1973 hat er als Erzbischof von München-Freising in einem Hirtenbrief an seine Gemeinden über die Wortgottesfeiern geschrieben. Ich lese seine Ausführungen alle zwei Jahre im Lektionar zum Stundenbuch am Samstag der 26. Woche im Jahreskreis (2. Jahresreihe).

„So schmerzlich es ist, man wird sagen müssen, dass es in absehbarer Zeit nicht mehr möglich sein wird, in jeder Gemeinde der Diözese an allen Sonntagen und Feiertagen die heilige Eucharistie zu feiern." Diese Notlage, so meint er, darf aber unter keinen Umständen dazu führen, dass sich die Gemeinden nur ein- oder zweimal im Monat zum Gottesdienst versammeln. Das würde zum Zerfall der Gemeinden und des Glaubens führen. „Darum müssen die Gemeinden auch an den Sonntagen, an denen keine Eucharistiefeier möglich ist, sich zu einem Wortgottesdienst versammeln, den ein Diakon oder ein beauftragter Laie leitet und in dem auch die Kommunion ausgeteilt werden kann. Auch dabei versammelt sich die Gemeinde um den Herrn."

Das wurde 1973 geschrieben, dieser Notfall ist seither immer öfter eingetreten. Die Debatte um solche Wortgottesfeiern, wie wir sie heute nennen, dauert aber an. Man fragt: Wie ist hier der Herr gegenwärtig? Soll die Kommunion ausgeteilt werden oder nicht? Wird damit die Sonntagspflicht erfüllt oder sollten doch jene, denen es möglich ist, in benachbarte Kirchen zur Messe fahren?

Die Gegenwart des Herrn im Wort

Vom Konzil haben wir gelernt: „Die Kirche hat die Heiligen Schriften immer verehrt wie den Herrenleib selbst, weil sie, vor allem in der heiligen Liturgie, vom Tisch des Wortes Gottes wie des Leibes Christi ohne Unterlass das Brot des Lebens nimmt und den Gläubigen reicht" (DV 21). Hieronymus erklärt uns das noch näher: „Wir essen das Fleisch und trinken das Blut Christi im Geheimnis (der Eucharistie), aber auch in der Lesung der Heiligen Schrift." Origenes folgert daraus: „Wenn man euch den Leib des Herrn reicht, so hütet ihr ihn mit aller Sorgfalt und Verehrung, damit kein Krümchen auf die Erde falle. Wenn ihr aber so große Sorgfalt anwendet, seinen Leib zu bewahren, wie könnt ihr dann glauben, es sei eine geringere Schuld, das Wort Gottes zu vernachlässigen als seinen Leib?"

Die Konsequenzen daraus sind weitreichend. Einmal für die Messe selbst. Wortgottesdienst und Eucharistiefeier sind ein einziger Kultakt. Früher war ja der Wortgottesdienst der Messe nicht so wichtig. Die schwere Sünde begann erst, wenn man nach der Opferung kam. Den „Herrenleib" in der Schrift zu verehren, bedeutet also, den Tisch des Wortes genau so sorgfältig und ehrfürchtig zu bereiten wie den Tisch des Brotes. Und wo heute aus Priestermangel an Sonntagen keine Eucharistie gefeiert werden kann (so bedauerlich das ist), ist es doch eine Versammlung um den „Herrenleib".

Mit oder ohne Kommunion?

Hier haben die Liturgen auch umgedacht. Zunächst waren sie eher für die Austeilung der Kommunion, um gerade Menschen, die zeitlebens am Sonntag kommunizierten, dies auch weiterhin zu ermöglichen. Später aber änderten sie ihre Meinung. Der Aufbau der Wortgottesfeiern ist oft dem Wortgottesdienst in der Messe nachgebildet und enthält auch Teile des Hochgebetes, sodass der Eindruck entstehen könne, es handle sich um eine „verkürzte" Eucharistiefeier, der nur die Wandlung fehle. Zum anderen bestünde die Gefahr, die „reale" Gegenwart des Herrn im Wort doch nicht ganz ernst zu nehmen. Die Österreichische Bischofskonferenz hat sich deshalb nun auch für Wortgottesfeiern ohne Kommunion ausgesprochen. Freilich haben auch hier manche Bischöfe eingewendet, dass besonders ältere Menschen die Kommunion doch sehr stark vermissen werden.

Soll doch, wer kann, zu einer Messe „fahren"!

Dies wird leider bisweilen angeraten. „Wem die Messe etwas wert ist, der wird auch einen weiteren Weg auf sich nehmen, um sie mitfeiern zu können." Die heilige Messe ist aber keine Privatsache, zu der ich irgendwohin fahre. Die Sonntagsmesse ist die Feier der Gemeinde, wo man wohnt, wo man sich kennt, wo man in so vielfacher Weise miteinander lebt. Döpfner hatte Recht, wenn er diese Versammlung der Gemeinde so hoch einschätzte, dass der Zerfall der Gemeinde und des Glaubens zu befürchten sei, wenn der Gottesdienst ganz ausfällt.

Zu einer pastoralen Zerreißprobe kam es vor Jahren im Marchfeld, dem großen noch landwirtschaftlich betriebenen Gebiet östlich von Wien. Ein Priester hatte dort drei Pfarren und einige Filialkirchen zu betreuen. Er war Holländer, war aber schon in Wien geweiht worden, übrigens gemeinsam mit mir 1954. In gewissenhafter Weise hat er im Lauf der Jahre mehrere Teams zur Leitung von Wortgottesfeiern ausgebildet und beauftragen lassen. Es war erstaunlich, auf welch hohem theologischen Niveau und mit welch bodenständiger Frömmigkeit diese Wortgottesfeiern gehalten wurden. Als dieser Priester starb, habe ich seine Beerdigung geleitet und ihn dabei besonders wegen dieser Art der Pastoral gelobt. Nach ihm kam ein viel jüngerer Priester, ein Österreicher, der diese Wortgottesfeiern sofort verbot. Wo nun am Sonntag keine Messe möglich ist, versammelte sich die Gemeinde eben nicht mehr. Nur wenige fahren in eine der Nachbarkirchen. Die Enttäuschung vieler engagierter Christen war groß und eine so bewundernswerte Form der Verkündigung durch Laien wird derzeit dort nicht mehr genützt.

Und wer erfüllt nun die Sonntagspflicht? Wenn überhaupt noch danach gefragt wird, sollte der Pfarrer, vom Bischof gestützt, ganz klar sagen: jeder, der in seiner Gemeinde bei einer Messe oder einer Wortgottesfeier andächtig dabei ist.

Geistliche Kommunion

Theologisch beruht die sogenannte geistliche Kommunion auf dem Prinzip, dass der Wunsch nach einem Sakramentenempfang den sakramentalen Akt ersetzen kann. So dachte schon Augustinus, so hat es uns Thomas von Aquin erklärt und gelehrt. Damit, so meinte man, könnte sogar der, der nicht getauft ist, durch die Sehnsucht nach der Kommunion gerettet werden.

Zunächst war die geistliche Kommunion ein Zusatz zur sakramentalen Kommunion. Sie sollte darauf hinweisen, dass man die Kommunion nicht nur äußerlich empfangen soll, sondern mit innerer Anteilnahme, nicht nur im Glauben, sondern auch in der Liebe. Im 13. Jahrhundert entstanden viele Frauenklöster. Die Eucharistie war dort selten. In einigen entwickelte sich eine ganz betonte „Jesus-Minne" und damit wuchs die Sehnsucht nach einer besonderen Begegnung mit Christus. Diese sah man erfüllt in der geistlichen Kommunion. Als sich im 14. Jahrhundert die Schaufrömmigkeit und die „Tabernakelfrömmigkeit" vermehrte, wurde die geistliche Kommunion häufig auch außerhalb der Klöster geübt.

Das Konzil vom Trient spricht in seinem Dekret über das Sakrament der Eucharistie mit Berufung auf die „Väter" auch von der *geistlichen Kommunion*. Wer *nur geistlich* kommuniziert, so heißt es dort, erfährt die Frucht und den Nutzen des Sakramentes, weil er das vor Augen gestellte himmlische Brot dem Verlangen nach isst (DH 1648).

In der spannungsgeladenen Diskussion über die Zulassung der wiederverheirateten Geschiedenen zur Kommunion scheint die geistliche Kommunion ein willkommener Ausweg zu sein. In dem berühmt gewordenen Schreiben der Kongregation für die Glaubenslehre aus dem Jahr 1994 an die Bischöfe der ganzen Welt hieß es, man solle die Teilnahme am Leben der Kirche nicht allein auf die Frage des Kommunionempfanges reduzieren. Dann wird die Möglichkeit der sonntäglichen Beteiligung am kirchlichen Leben angeführt, wie im Schreiben *Familiaris consortio,* aber mit der Ergänzung, man möge den Betroffenen auch zu einem tieferen Verständnis der „geistlichen Kommunion" verhelfen. Dies war in *Familiaris consortio* noch nicht gesagt.

Wir waren über diese Anweisung erstaunt, da wir ja in der traditionellen Dogmatik gelernt hatten, dass, wer eine schwere Sünde begangen hat, also nicht im Stand der Gnade lebt, ohne Beichte keine wirkungsvollen geistlichen Werke setzen könne. Der Dogmatiker Wilhelm Breuning ist dieser Frage nachgegangen und zum Schluss gekommen, dass damit die Glaubenskongregation eigentlich davon ausgeht, dass der wiederverheiratete

Geschiedene – je nach seinem individuell zu beurteilenden Zustand – nicht mit innerer Notwendigkeit im Zustand der Sünde lebt. Tut er dies aber im Einzelfall nicht, dann kann er doch eigentlich auch die Kommunion wirklich und nicht nur geistlich empfangen. Denn die Beichte vor der Kommunion ist ja nur notwendig, wenn eine schwere Sünde vorliegt.

Es wird schwer sein, einem Betroffenen zum „tieferen Verständnis der geistlichen Kommunion zu verhelfen", wenn man ihm den Zugang zum sakramentalen Empfang der Kommunion verweigert. Der Herr hat die Seinen zum Mahl eingeladen, nicht nur zur Sehnsucht danach.

Die geistliche Kommunion ist einerseits eine besondere Form der Anbetung, andererseits eine Andachtsform, wenn der Empfang der Kommunion nicht möglich ist, etwa bei Kranken oder wenn es irgendwo über lange Zeit keine Eucharistiefeier gibt. Sie darf aber nicht als Notlösung für jene angeboten werden, die man eigentlich von der sakramentalen Kommunion ausschließen will.

6. Kapitel
Eucharistie – die drängende Herausforderung in Pastoral und Ökumene

Zulassung von wiederverheirateten Geschiedenen zur Kommunion

In dieser so schwierigen und drängenden pastoralen Frage habe ich eine neue Beziehung zur Eucharistie gefunden. Ich versetzte mich in die Lage jener, die in einer zweiten, geglückten ehelichen Verbindung leben, aber nach dem derzeitigen Stand des Kirchenrechts auf Lebenszeit von der Eucharistie ausgeschlossen sind, es sei denn, sie leben in dieser zweiten „Ehe" wie „Bruder und Schwester". Gleichzeitig quält mich aber die Frage, wie die Kirchenleitung einen solchen Ausschluss verantworten kann, der doch die innigste Vereinigung mit Christus verhindert. Ich verstehe nicht, dass man sich gesamtkirchlich nun schon seit Jahrzehnten zu keiner wirklich pastoralen Lösung entschließen konnte.

In einer Klausurtagung des Wiener Priesterrates am 15. November 1978 – ich war gerade ein Jahr Weihbischof – musste ich über dieses Thema referieren. Seither fühle ich mich gleichsam als Anwalt für jene, die die Eucharistie empfangen wollen, aber nicht dürfen, und habe im Lauf der Jahre viel zu diesem Thema publiziert. Besonders ausführlich tat ich dies in meinem Buch *Neue Freude an der Kirche*, zuletzt aber auch in *Das Konzil – ein Sprung vorwärts*.

Joseph Ratzinger sprach positiv von einer „geschmeidigeren" Praxis

In Vorbereitung auf mein Referat suchte ich damals prominente Autoren zu dieser Frage. Da stieß ich auf die Dokumentation einer Tagung der Katholischen Akademie in Bayern zum Thema „Ehe – Wirklichkeit und Norm" aus dem Jahre 1971. Das Problem wurde dort von vielen Seiten beleuchtet, von der Bibel, der Moral, der Psychologie, dem Kirchenrecht und der Dogmatik. Joseph Ratzinger als Dogmatiker betonte mit Nachdruck die Unauflösbarkeit der Ehe, an der auch die Ostkirche eindeutig festhält. Er wies aber auch darauf hin, dass es „unterhalb der Schwelle der klassischen Lehre, sozusagen unterhalb und innerhalb dieser eigentlich die Kirche bestimmenden Hochform, offensichtlich immer wieder in der konkreten Pastoral eine geschmeidigere Praxis gegeben" habe, „die zwar nicht als dem wirklichen Glauben der Kirche ganz konform angesehen, aber doch auch nicht schlechthin ausgeschlossen wurde". Ratzinger folgerte dann, dass die Kirche des Neuen Bundes den Glauben der Schrift gemäß zu verkünden habe, „aber sie muss ihr konkretes Leben (wegen der ‚Herzenshärte') oft genug ein Stück unterhalb der Schwelle des Schriftwortes beginnen. So kann sie in klaren Notsituationen begrenzte Ausnahmen zur Vermeidung von noch Schlimmerem zulassen." Und mit „aller gebotenen Vorsicht" formulierte er dann einen konkreten Vorschlag:

„Wo eine erste Ehe seit langem und in einer für beide Seiten irreparablen Weise zerbrochen ist; wo umgekehrt eine hernach eingegangene zweite Ehe sich über einen längeren Zeitraum hin als eine sittliche Realität bewährt hat und mit dem Geist des Glaubens, besonders auch in der Erziehung der Kinder, erfüllt worden ist (sodass die Zerstörung dieser zweiten Ehe eine sittliche Größe zerstören und moralisch Schaden anrichten würde), da sollte auf einem außergerichtlichen Weg auf das Zeugnis des Pfarrers und von Gemeindegliedern hin die Zulassung der in einer solchen zweiten Ehe Lebenden zur Kommunion gewährt werden."

Das Prinzip der Unauflöslichkeit der Ehe stand weiterhin außer Frage. Für den konkreten Einzelfall aber war dem Seelsorger ein gangbarer Weg eröffnet. Diese Argumentation stieß auf großes Interesse und viele begannen in aller Gewissenhaftigkeit danach auch in der Pastoral zu handeln.

Johannes Paul II. ist strenger als die Bischofssynode

Vom 25. September bis zum 25. Oktober 1980 tagte in Rom eine Bischofssynode zum Thema *Ehe und Familie*. Dort scheint es eine sehr große Gemeinsamkeit in der Sorge um das Problem der wiederverheirateten Geschiedenen gegeben zu haben. Kardinal Joseph Ratzinger – damals Erzbischof in München – schrieb von der Synode heimgekehrt am 8. Dezember 1980 in einem Brief an alle Seelsorger seiner Diözese: „Von pastoraler Sorge um diese Gläubigen getrieben wünscht die Synode, dass eine neue und noch gründlichere Untersuchung – unter Berücksichtigung auch der Praxis der Ostkirchen – angestellt werde mit dem Ziel, dass die pastorale Barmherzigkeit noch umfassender werde." Gerade das Beispiel der Ostkirche hat Ratzinger auch schon 1971 in der bayrischen Akademie zu den damaligen Schlussfolgerungen bewogen.

1981 verfasste Johannes Paul II. das nachsynodale Schreiben *Familiaris consortio*. Zuerst mahnte der Papst die Seelsorger, alles zu tun, dass sich die Geschiedenen, auch wenn sie in einer zweiten Verbindung leben, von der Kirche nicht getrennt fühlen, „da sie als Getaufte an ihrem Leben teilnehmen können, ja dazu verpflichtet sind". Im Einzelnen heißt es: Sie sollen ermahnt werden, das Wort Gottes zu hören, am heiligen Messopfer teilzunehmen, regelmäßig zu beten, die Gemeinde in ihren Werken der Nächstenliebe zu unterstützen, die Kinder im christlichen Glauben zu erziehen und den Geist und die Werke der Buße zu pflegen, „um so von Tag zu Tag die Gnade Gottes auf sich herabzurufen". Diese Worte trösteten mich zunächst. Sie zeigen, dass der Papst den Katholiken, die in der zweiten ehelichen Verbindung stehen, den Gnadenstand nicht abspricht, im Gegenteil. Denn nur jemand im Gnadenstand kann fruchtbare geistliche Werke setzen, neue Gnaden von Gott auf sich herabrufen.

Die folgenden Worte aber, die inzwischen ein bis heute geltendes Gesetz geworden sind, machen mich bestürzt. Da wird die „auf die Heilige Schrift gestützte" Praxis der Kirche bekräftigt, dass Partner in einer zweiten ehelichen Verbindung zum eucharistischen Mahl nur zugelassen werden können, „wenn sie sich verpflichten, völlig enthaltsam zu leben, das heißt, sich der Akte enthalten, welche Eheleuten vorbehalten sind".

Zwei Gründe wurden angeführt. Einmal, weil ihr Lebensverhältnis im objektiven Widerspruch zum Bund der Liebe zwischen Christus und der Kirche stehe, den die Eucharistie sichtbar und gegenwärtig macht. Zweitens aber, weil sonst bei den anderen Gläubigen hinsichtlich der Unauflöslichkeit der Ehe

Irrtum und Verwirrung entstehen könnte. Die von den Synodalen gewünschte „gründlichere Untersuchung" wurde auch im weiteren Text nicht erwähnt. Schien dem Papst die Meinung der Synodalen und ihre begründete Sorge nicht wichtig genug?

Diese Entscheidung war für viele, auch für mich, nicht verständlich. Sie ist theologisch nicht schlüssig und menschlich nicht zumutbar. Wie kann man von einem Paar, das in der zweiten ehelichen Beziehung aus Liebe Kinder gezeugt hat, nun verlangen, dass sie wohl um der Kinder willen beisammenbleiben, aber sich ehelich nicht mehr zugetan sein dürfen?

Ich war überrascht, dass es nicht sofort kritische Reaktionen der Synodalen gab. Wie hat wohl Kardinal Ratzinger seinen Münchner Seelsorgern das erklärt, da er ihnen knapp vorher ja Hoffnung auf weitere Untersuchungen gemacht hatte? Offenbar hoffte man doch noch auf weitere Schritte. So schrieb z. B. Kardinal König am 6. April 1982 an den Sekretär der Glaubenskongregation, Erzbischof Hamer: „Die österreichischen Bischöfe erwarten sich – wohl mit vielen anderen Bischofskonferenzen – von solchen angekündigten Untersuchungen wertvolle Hilfe für ein in der Pastoral immer schwieriger werdendes Problem." Diese Erwartungen wurden nicht erfüllt.

Kardinal Ratzinger gibt seine Position von 1971 überraschend auf

Die Pastoral an wiederverheirateten Geschiedenen und vor allem der Kommunionempfang in Einzelfällen war in den Jahren darauf immer ein Thema bei Diözesansynoden und anderen Foren. In der Praxis wurden verschiedene Wege versucht und begangen.

Im Juli 1993 gaben die Bischöfe der oberrheinischen Kirchenprovinz, Erzbischof Oskar Saier von Freiburg, Bischof Karl Lehmann von Mainz und Bischof Walter Kasper von Rottenburg, ein gemeinsames Hirtenschreiben zur Pastoral an wiederverheirateten Geschiedenen heraus. Die Argumentationslinie war ganz ähnlich wie jene von Professor Ratzinger 1971 in der bayrischen Akademie. Die weiterführenden Gedanken von *Familiaris consortio* sind eingearbeitet, nur was den Kommunionempfang anlangt, geht man weiter. In seelsorglichen Gesprächen ist zu klären, so heißt es dort, ob das, was im Allgemeinen gilt, auch in der konkreten Situation zutrifft. Dieses Gespräch kann den Betroffenen helfen, „zu einer persönlichen verantworteten Gewissensentscheidung zu finden, die von der Kirche und der Gemeinde zu respektieren ist. Andere auf dem Weg zu einer solchen reifen Gewissensentscheidung zu begleiten, ist Dienst und Auftrag der Seelsorge."

Das gemeinsame Hirtenschreiben der drei Bischöfe fand im kirchlichen Bereich und darüber hinaus ein überaus positives Echo. Eine Debatte, die schon fast zum Schweigen gebracht worden war, wurde nun auf sehr hohem theologischen Niveau wieder begonnen. Vor allem aber wurde dadurch ein Zeichen gesetzt, wie man Beschlüsse von diözesanen Foren, die die Gesamtkirche betreffen, nicht „abschiebt", sondern in Eigenverantwortung regional aufarbeitet und nach Lösungsmöglichkeiten sucht. Aber das Ringen um die rechte Pastoral sollte nochmals an Dramatik zunehmen.

Von Seiten der Glaubenskongregation, deren Präfekt nun Kardinal Ratzinger war, wurde die pastorale Weisung der oberrheinischen Bischöfe scharf gerügt. Die drei Bischöfe bemerkten dazu: „Wir müssen zur Kenntnis nehmen, dass einige

Aussagen in unserem Hirtenschreiben universalkirchlich nicht akzeptiert sind und daher nicht verbindliche Normen seelsorglichen Handelns sein können." Sie sprechen in eindrucksvoller Weise von einer doppelten Verpflichtung, die sie haben. Eine gegenüber der allgemeingültigen Lehre der Kirche und eine gegenüber den Menschen in existentiell schwierigen Situationen. Und für die Zukunft versprechen sie, auch weiterhin um konsensfähige, theologisch und pastoral verantwortbare Lösungen bemüht zu sein.

Kardinal Ratzinger aber genügte die Rüge seiner früheren Mitbrüder in der Deutschen Bischofskonferenz und zum Teil seiner früheren Kollegen im Lehrfach Dogmatik nicht, sondern wie zur Absicherung dieses Einspruches gab die Kongregation für die Glaubenslehre am 15. Oktober 1994 ein Schreiben an die Bischöfe der katholischen Kirche heraus über den Kommunionempfang Geschiedener in zweiter Ehe. Die Kernaussage war, dass Geschiedene, die wieder verheiratet sind, sich in einer Situation befinden, „die dem Gesetz Gottes objektiv widerspricht". Wenn die Betroffenen es aber subjektiv doch für möglich erachten, zur Kommunion zu gehen, hätten „die Hirten und Beichtväter" die Pflicht, sie zu ermahnen, „dass ein solches Gewissensurteil in offenem Gegensatz zur Lehre der Kirche steht".

War dies dem jungen Dogmatiker Ratzinger 1971 nicht bewusst gewesen oder hat sich seither die Lehre der Kirche verändert, etwa durch ein postsynodales Schreiben, das ja streng genommen nicht unfehlbar ist?

Schließlich betonte dieses Schreiben aber auch, wie seinerzeit *Familiaris consortio,* dass die Betroffenen ja auch sonst am Leben der Kirche teilnehmen können und man diese Frage nicht auf den Kommunionempfang reduzieren darf. Und ergänzend zu *Familiaris consortio* hieß es, wie bereits erwähnt, man möge den Betroffenen zu einem vertieften Verständnis der „geistlichen Kommunion" verhelfen.

Kardinal Kaspers Aufsehen erregende Rede vor Papst und Kardinälen

Für Herbst 2014 hat Papst Franziskus eine außerordentliche Bischofssynode und für 2015 eine ordentliche zum Thema Ehe und Familie einberufen. Gleichsam als Einstimmung dazu hat Kardinal Walter Kasper am 21. Februar 2014 auf Einladung des Papstes vor dem außerordentlichen Konsistorium eine Rede mit dem Titel „Das Evangelium von der Familie" gehalten. Im letzten Teil der Rede kam er auch auf die Pastoral für die wiederverheirateten Geschiedenen zu sprechen. Unter anderem erinnerte er daran, dass Benedikt XVI. beim internationalen Familientreffen in Mailand 2012 das wiederholte, was schon 1994 im Brief der Glaubenskongregation stand, nämlich dass wiederverheiratete Geschiedene zwar nicht die sakramentale, wohl aber die geistliche Kommunion empfangen können. Und Kasper meinte, dass viele dafür wohl dankbar wären. Er stellt aber eine theologisch-pastorale Frage. „Wer die geistliche Kommunion empfängt, ist eins mit Jesus Christus; wie kann er sich dann im Widerspruch zum Gebot Christi befinden? Warum kann er dann nicht auch die sakramentale Kommunion empfangen?" Und er folgert daraus: Wenn man wiederverheiratete geschiedene Christen, die disponiert sind, von den Sakramenten ausschließt, „stellen wir dann nicht die sakramentale Grundstruktur der Kirche in Frage?" Und jenen, die gerade die Nichtteilnahme an der Kommunion als ein Zeichen für die Heiligkeit des Sakramentes ansehen, ist die Gegenfrage zu stellen: „Handelt es sich hierbei nicht um die Instrumentalisierung eines Menschen, der nach Hilfe schreit, wenn wir ihn zum Zeichen für andere machen? Lassen wir ihn sakramental verhungern, damit andere leben?" Das sind starke Worte, für die wir Kardinal Kasper sehr dankbar sind. Man hat fast den Eindruck, dass er sich jetzt 20 Jahre, nachdem er und seine oberrheinischen Mitbrüder von der Glaubenskongregation gemaßregelt worden sind, vor dem Papst selbst und einem illustren Kardinalskollegium theologisch und pastoral bestens fundiert rechtfertigt.

Wer wird bei den kommenden Synoden über Ehe und Familie den Ton angeben?

Papst Franziskus will die Mitverantwortung des Bischofskollegiums für die Gesamtkirche, wie es ja das Konzil eindeutig aussagte. Ein erster Test dafür werden die beiden Bischofssynoden über Ehe und Familie sein. Erstmalig in der Kirchengeschichte hat der Papst Fragen an alle Bischöfe gerichtet, die sie „nach unten" weitergeben sollen, um die Meinung der Gesamtkirche zu hören.

Aber schon vor Erscheinen dieses Fragebogens hat Erzbischof Gerhard Müller, der Präfekt der Glaubenskongregation, am 15. Juni 2013 – er war damals noch nicht Kardinal – in der *Tagespost* die Klarstellung getroffen, dass eine Zulassung zu den Sakramenten aus theologischen Gründen nicht möglich sei. „Wenn die vorausgehende Ehe von wiederverheirateten geschiedenen Gläubigen gültig war, kann ihre neue Verbindung unter keinen Umständen als rechtmäßig betrachtet werden, daher ist ein Sakramentenempfang aus inneren Gründen nicht möglich. Das Gewissen des Einzelnen ist ausnahmslos an diese Norm gebunden." Kardinal Reinhard Marx von München, inzwischen unterstützt von Bischof Stephan Ackermann aus Trier, stellte daraufhin fest: „Der Präfekt der Glaubenskongregation kann die Diskussion nicht einfach mit einer autoritativen Stellungnahme beenden." Kardinal Marx ist einer jener acht Kardinäle, die der Papst in sein Beratungsgremium berufen hat. Überdies wurde er zum Vorsitzenden der Deutschen Bischofskonferenz gewählt. Seine Stimme hat damit sehr an Gewicht gewonnen.

Wie sehr wird die weltweite Befragung die kommenden Synoden beeinflussen? Werden sich die teilnehmenden Bischöfe dort so mutig äußern, wie sie es gerade in letzter Zeit taten? Wird das nachsynodale Schreiben den Tenor der Synodalen wiedergeben oder hat die Glaubenskongregation das letzte Wort?

Kardinal Kasper ist im Blick auf die Synode optimistisch, aber auch Realist. In seiner beeindruckenden Rede versäumte er nicht, auch warnende Worte zu sprechen. Er weiß, dass die Erwartungen in der pastoralen Frage der wiederverheirateten Geschiedenen groß sind. Sie können sicher nicht alle erfüllt werden. „Aber es würde zu einer schlimmen Enttäuschung führen, wenn wir nur die Antworten wiederholten, welche angeblich schon immer gegeben wurden." Er ruft die künftigen Synodalen auf, sich nicht von Angst leiten zu lassen, sondern mutig zu sein, im Sinne des von der Bibel geforderten „Freimuts". Und realistisch fügt er hinzu: „Wenn wir das nicht wollen, dann sollten wir lieber keine Synode zu diesem Thema abhalten, denn dann wäre die Situation nachher schlimmer als vorher." Die Synode sollte die Tür wenigstens einen Spalt breit für die Erwartungen der Menschen öffnen und „wenigstens ein Signal geben, dass wir die Hoffnungen wie die Fragen, die Leiden wie die Tränen so vieler ernsthafter Christen auch unsererseits ernst nehmen".

Die Worte Kaspers haben auch Widerspruch hervorgerufen. Der Papst aber hat ihn gelobt. Wird die Mehrheit der Bischöfe den Papst in seiner pastoralen Sorge nun unterstützen?

Was Betroffene bei der derzeitigen Rechtslage fühlen

Wie es bei dieser Diskussion den Betroffenen geht, habe ich in vielen Gesprächen vernommen. Einmal war es so: Nach einigen Jahren der Ehe hat der Mann seine Frau verlassen. Sie blieb mit zwei kleinen Kindern allein zurück. Nach geraumer Zeit lernte sie jemanden kennen, der ihr ein besserer Ehepartner war und ein liebender Vater ihrer Kinder. Beide waren praktizierende Katholiken und litten darunter, nicht kirchlich heiraten zu können. In großer Liebe zueinander zeugten sie zwei Kinder und dankten Gott immer wieder für dieses neue Glück. Von der Kommunion fühlten sie sich aber ausgeschlossen.

Lisa, Tochter aus der ersten Ehe, kam zur Erstkommunion. Sie war sehr aufgeregt, weil sie wusste, dass nun Jesus in besonderer Weise zu ihr kommen werde, weil er sie so sehr liebt. „Mama, geh doch mit mir zur Kommunion!", sagte sie. „Lisa, ich darf nicht", antwortete traurig die Mutter. „Wieso denn nicht? Hat Jesus dich am Ende nicht so lieb wie mich?" Die Mutter konnte ihr die „Rechtslage" nicht erklären. Aber in dem Kind bekam das vertraute Bild von einem verzeihenden, liebenden Gott einen gehörigen Riss. Die Zurückweisung von der Kommunion trifft nicht nur leidvoll die Betroffenen, sondern wirft tiefgreifende Fragen über das verkündete Gottesbild und die „Heilsnotwendigkeit" der Eucharistie auf.

Kardinal Kasper hat offenbar ähnliche Erfahrungen gemacht, wie ein rührendes Beispiel in seiner nun mehrfach zitierten Rede zeigt. Er weiß von Situationen, in denen sich jeder vernünftige Versuch, eine Ehe zu retten, als vergeblich erwiesen hat. Den Heroismus verlassener Partner, nun zeitlebens allein zu bleiben, wird man bewundern und unterstützen, sagt er. Er kennt aber auch viele verlassene Partner, die um ihrer Kinder willen auf eine neue Partnerschaft und auf eine neue, zivile Eheschließung angewiesen sind, die sie ohne neue Schuld gar nicht mehr aufgeben können. „Oft erfahren sie in solchen Verbindungen nach vorhergehenden bitteren Erfahrungen menschliches Glück, ja geradezu ein Geschenk des Himmels."

Wenn ich bei einer Predigt dieses Thema anspreche, kommen nach der Messe fast immer einige Gottesdienstbesucher, die in solchen Ehesituationen leben, zu mir und bedanken sich. Darum will ich auch nach vierzig Jahren weiterhin Anwalt für jene Betroffenen sein, die wirklich Sehnsucht nach der Kommunion haben.

Der eine Leib und die getrennten Tische

Seit 40 Jahren habe ich viel für die Ökumene zu tun versucht, schon vor meiner Bischofsweihe, dann aber auch im Auftrag der Bischofskonferenz. Ich bin stolz, dass sich die Ökumene in Österreich so gut entwickelt hat. Die römisch-katholische Kirche ist Vollmitglied im Ökumenischen Rat der Kirchen in Österreich, in dem derzeit 16 Kirchen vertreten sind. Mehrmals hat die katholische Kirche den Vorsitz geführt. 2004 haben alle Kirchen gemeinsam ein Sozialwort herausgebracht, das weit über Österreich hinaus hohe Beachtung gefunden hat. Caritas und Diakonie arbeiten bestens zusammen und haben in der Innenpolitik, was Arme, Obdachlose oder Ausländer anlangt, eine unersetzbare Funktion. Die Religionslehrerausbildung im Osten Österreichs geschieht an einer „Pädagogischen Hochschule der Kirchen", die ökumenisch geführt wird. Dennoch bleibt die große Wunde, dass wir die Eucharistie noch immer nicht „teilen" können. Unsererseits ist es bis jetzt nicht einmal zu einer Einladung zur eucharistischen Gastfreundschaft gekommen. Einzelne Schritte wurden versucht. Die ökumenische Kommission der Erzdiözese Wien hat 1997 eine pastorale Handreichung für Mischehen erstellt, in der von der Möglichkeit der Kommunion für den evangelischen Teil gesprochen wird. Kardinal Schönborn hat dies toleriert. Er selbst hat einmal gesagt, für ihn wäre eine Voraussetzung, damit ein evangelischer Christ zur Kommunion gehen könne, dass er das rechte Verständnis der Realpräsenz habe und vollinhaltlich zum eucharistischen Hochgebet „Amen" sagen könne. Kardinal Kasper hat dies sogar einmal positiv zitiert. Aber offiziell gibt es keine Lösungen. Das stößt bei den anderen Kirchen auf Unverständnis. In der Praxis wird vieles schon über das Kirchenrecht hinaus anders gemacht.

Strittig sind vor allem drei Punkte: Wie sehen die Kirchen der Reformation die Gegenwartsweise des Herrn im Sakrament? Was versteht man unter Amt und wer kann den Vorsitz beim Mahl führen? Ist die Kommuniongemeinschaft erst Ende einer noch anzustrebenden größeren Einheit oder kann sie nicht auch Mittel dazu sein? Theologen beider Seiten sprechen von vielfach gewachsenen Übereinstimmungen in diesen Fragen, die Kirchenleitungen aber reagieren kaum darauf.

Unter dem Titel „Der eine Leib und die getrennten Tische" habe ich 2007 in meinem Buch *Eine Kirche, die Zukunft hat* so manches zusammengetragen. Eine besondere Hilfe war mir dabei ein „Plädoyer evangelischer und katholischer Theologen" über die eucharistische Gastfreundschaft aus dem Jahr 2003.

Wie ist der Herr im Sakrament gegenwärtig?

Ich bin noch mit der Meinung aufgewachsen, die „Protestanten" sähen die Gegenwart des Herrn in den Gestalten von Brot und Wein nur symbolisch, aber nicht real. Er sei nur gegenwärtig durch den Glauben im Augenblick des Empfanges, danach aber nicht mehr. So wurden die übriggebliebenen eucharistischen Gestalten auch nicht ehrfurchtsvoll aufbewahrt oder gar außerhalb der Messe verehrt. Aber inzwischen hat sich viel verändert, vielleicht auch als Frucht der Ökumene. Während wir Katholiken von den aus der Reformation entstandenen Kirchen die Bibel wieder mehr schätzen lernten, haben diese das eucharistische Mahl neu entdeckt und feiern es viel häufiger als früher. Und im genannten Plädoyer kommen prominente Theologen zum gemeinsamen Bekenntnis: „Im Sakrament des Abendmahles ist der gekreuzigte und auferstandene Herr Jesus Christus durch sein schöpferisches Wort kraft des Heiligen Geistes mit seinem Leib und seinem Blut unter den Zeichen von Brot und Wein wirklich gegenwärtig. Er gibt denen, die diese Zeichen im Glauben empfangen, Gemeinschaft mit sich selbst und Anteil am Heil, das Gott in ihm der Welt geschenkt hat. Die Gegenwart Christi in Brot und Wein ist nicht begrenzt auf den bloßen Augenblick des Empfanges der Gaben."

Nur die Lehre von der Transsubstantiation wird evangelischerseits nicht angenommen. Luther lehnt es ab, dass ein philosophischer Begriff zum Inhalt einer Glaubenslehre gemacht wird. Aber schließlich kommt es darauf an zu glauben, *dass* der

Sieger Köder
„Emmaus"
Mitteltafel aus dem Flügelaltar der Schlossbergklinik
in Oberstaufen im Allgäu, 1999

„Da gingen ihnen die Augen auf und sie erkannten ihn;
dann sahen sie ihn nicht mehr. Und sie sagten zueinander:
Brannte uns nicht das Herz in der Brust,
als er uns den Sinn der Schrift erschloss?"
(Lk 24,30–32)

„Ich bin ein Pfarrer, der malt", sagt der 1925 geborene Priester Sieger
Köder aus Baden-Württemberg über sich. Sein künstlerisches Ziel ist
die Anschaulichkeit einer menschenfreundlichen Theologie, die auch
der jüdischen Wurzel des Christentums gerecht werden möchte. Sein
Emmaus-Bild zeigt die Jünger an dem mit Brot, Wein und der Schrift
gedeckten Tisch. Der auferstandene Jesus ist zwar ihren Augen ent-
schwunden, seine Gegenwart bleibt aber in der Flamme ihres Glaubens
lebendig – und in dem Zeugnis, das sie von ihm geben werden.

Herr gegenwärtig ist. *Wie,* das kann in einem so unauslotbaren Geheimnis immer nur in begrenzter menschlicher Sprache beschrieben werden. Selbst das Konzil von Trient weiß, dass mit Transsubstantiation nicht alles ausgedrückt ist, nur *apte*, passend, und *proprie,* geeignet. Inzwischen sucht auch die katholische Theologie nach einem noch „besseren" Ausdruck, da der Substanzbegriff seit der Hochscholastik stark verändert worden ist. Sind sich Katholiken und vor allem evangelisch-lutherische Christen im Hinblick auf die Gegenwart Christi in der Eucharistie nicht wirklich schon sehr nahe gekommen?

Fehlendes oder fehlerhaftes Amt

Zu dieser Frage eine Aussage und ein Auftrag des Konzils: Im Ökumenismusdekret heißt es, dass die aus der Reformation hervorgegangenen kirchlichen Gemeinschaften „die ursprüngliche und vollständige Wirklichkeit des eucharistischen Mysteriums nicht bewahrt haben", und zwar auch „wegen des Fehlens des Weihesakramentes" (Nr. 22). Aber dennoch, so sagt das Konzil, „bekennen sie bei der Gedächtnisfeier des Todes und der Auferstehung des Herrn im Heiligen Abendmahl, dass hier die lebendige Gemeinschaft mit Christus bezeichnet werde, und sie erwarten seine glorreiche Wiederkunft." So kann also nicht bestritten werden, dass auch in der protestantischen Abendmahl feiernden Gemeinde Christus gegenwärtig ist. Die Eucharistie ist den Konzilsvätern aber als tiefste Form der Einheit unter den Christen so wichtig, dass sie den Dialog über die Lehre vom Abendmahl und über die Dienstämter künftig als besonders notwendig erachten.

Was hat der Dialog bis jetzt gebracht? Gemeinsam ist man der Überzeugung, dass das Abendmahl nicht Schöpfung oder Besitz der christlichen Gemeinde ist. Gott selbst ist es, der in Jesus Christus und durch den Heiligen Geist im Abendmahl zum Heil der Welt handelt. Diese Priorität des göttlichen Handelns wird aber dadurch zum Ausdruck gebracht, dass eine Person der Abendmahlsfeier im Namen Christi vorsteht, die kirchlicherseits durch Ordination dazu bestellt ist. Ordination ist übrigens ein Begriff, der in beiden Kirchen verwendet wird, wenn auch mit anderen Inhalten. Für uns Katholiken bezeichnet Ordination die Priesterweihe, die wir als eigenes Sakrament ansehen. Die Lutheraner etwa verstehen darunter eine feierliche Beauftragung, wenngleich auch diese dann für das ganze Leben gilt. Sie sprechen aber nicht von einem Weihesakrament. Wer den Vorsitz führt, muss in der Regel ordiniert sein, allerdings gibt es Ausnahmen, etwa bei einem Lehrvikar oder heute zunehmend bei Seelsorgern im Ehrenamt. Sie sind oft nicht ordiniert, aber doch zum Vorsitz beim Abendmahl offiziell bestellt.

Harding Meyer, emeritierter Professor am Ökumenischen Zentrum des Lutherischen Weltbundes und unermüdlicher Vorkämpfer für wachsende Einheit, sieht diese unterschiedliche Deutung des Amtes noch immer als kirchentrennend an. Andererseits aber meint er, dass die gewonnene Gemeinsamkeit über das Sakrament des Abendmahls schon eine „eucharistische Gastfreundschaft" möglich mache. Eine gemeinsame *Feier* des Abendmahls ist wohl so lange nicht möglich, als man sich in der Amtsfrage nicht nähergekommen ist.

Eucharistiegemeinschaft als Ziel der vollen Kircheneinheit oder hilfreiches Mittel dafür?

Von alters her war die Kirchengemeinschaft Voraussetzung für eine Eucharistiegemeinschaft. Christen erhielten, wenn sie in andere Christengemeinden fuhren, von ihrem Bischof ein Empfehlungsschreiben wie einen Reisepass, mit dem sie sich ausweisen konnten, aus dem hervorging, dass sie aus einer „rechtgläubigen" Kirche kommen, was beim Entstehen von Häresien und Schismen notwendig wurde. Diese Briefe hießen auch „Kommunionbriefe", weil sie zur Teilnahme an der Eucharistie berechtigten.

Nach diesem Prinzip regelt noch heute die orthodoxe Kirche den Kommunionempfang. Und das ist leider auch der Grund, warum wir Katholiken, die doch mit den Orthodoxen in der Zahl der Sakramente und auch in Fragen der Priesterweihe eins sind, zur Kommunion nicht zugelassen werden. Der leider zu früh verstorbene Metropolit von Austria Michael Staikos, der die Ökumene in Österreich beispielhaft vorantrieb, sagte mir einmal: „Wenn meine Nichte, die katholisch ist, bei mir zur Kommunion käme, ich würde sie ihr nicht geben. Sie gehört ja nicht zu unserer Kirche." Als ich mit Religionslehrern einmal auf Kreta in einem orthodoxen Bildungshaus eine Tagung abhielt, wollten die Teilnehmer zum Zeichen der Ökumene in einem nahegelegenen orthodoxen Kloster die Messe mitfeiern und kommunizieren. Der Rektor des Hauses warnte uns, das würde zu einer tiefen Verstimmung führen.

Die evangelische Kirche lädt hingegen in sehr betonter Weise zur Teilnahme am Abendmahl ein. Wir lehnen dies ab, weil es doch zuerst zur vollen Einheit kommen müsse.

Ich habe schon oft gedacht, ob nicht gerade die Gemeinsamkeit in der Eucharistie uns zu Schritten drängen würde, noch

Trennendes eher aufzuarbeiten. Vor allem aber würden wir das Ärgernis in der Öffentlichkeit abbauen, das viele daran nehmen, dass gerade die Kommunion, Zeichen der Einheit in Christus, die noch immer bestehende Spaltung unterstreicht.

Zu Festmessen, die ich feiere, kommen oft auch hochrangige Vertreter der anderen Kirchen, Superintendenten, Oberkirchenräte, Synodenmitglieder. Ich freue mich, wenn diese zur Kommunion gehen wollen. Wenn sie einmal da sind, darf ich sie doch nicht übergehen, wie eine pastorale Regel sagt. Manchmal habe ich sie aber sogar selbst eingeladen. Das bringt uns der angestrebten Einheit näher, als sie von der Mahlgemeinschaft abzuweisen. Übrigens hat auch Kardinal Joseph Ratzinger bei der Begräbnismesse für Papst Johannes Paul II. am Petersplatz in aller Öffentlichkeit Frère Roger Schutz von der ökumenischen Brüdergemeinschaft in Taizé die heilige Kommunion gereicht.

Konfessionsverbindende Ehen leisten Pionierarbeit

In Österreich gibt es eine Arbeitsgemeinschaft der „konfessionsverbindenden Ehen", wie sie sich nennen. Einmal im Jahr haben sie in einer der Diözesen ihre Jahresversammlung. Ich trete immer gerne mit ihnen in Verbindung. Dort finde ich ganz bewusst gelebte Ökumene, aber auch die Sehnsucht nach Einheit unter Wahrung der eigenen Kirchenidentität. Hier wird mit großer Sorgfalt überlegt, wie die Kinder getauft werden sollen. Die Frage, wie der Sonntag religiös begangen werden soll, ist immer eine Herausforderung. Ich habe erlebt, wie ein katholischer Vater in der evangelischen Kirche Konfirmanden begleitet und die evangelische Mutter sich in der Erstkommunionvorbereitung unter die Tischmütter mischt. Sie feiern am Sonntag einmal den

Gottesdienst in dieser, ein anderes Mal in jener Kirche mit. Sie werden nicht müde, von den Kirchen zu fordern, mehr Mut zu weiterer Ökumene aufzubringen. Obwohl ich für mein ökumenisches Engagement bekannt bin, wird mir doch immer wieder vorgeworfen, noch zu wenig zu tun. Was sie in ihren Ehen tun, entspricht keinesfalls immer den jeweiligen Vorschriften. Aber sie experimentieren, und das ist gut. Wir sollten sie mit Hochachtung großzügig begleiten. Vieles können wir Verantwortlichen in der Kirche von ihnen lernen. Sie sind wie Späher in ein neues Land, um ein Bild der Bibel zu verwenden, und berichten uns, welch große Früchte sie gefunden haben. Es lohnt sich, mit ihnen aufzubrechen und diese Früchte zu ernten.

Max Thurian wurde der Eucharistie wegen katholischer Priester

In den 1980er Jahren lud mich ein Schweizer Studienkollege mehrmals in seinen Heimatort Vispertermen im Wallis ein. Einmal traf ich dort im Pfarrhof Max Thurian und dessen Mitarbeiter P. Matthias. Beide feierten täglich am Vormittag in der Pfarrkirche die heilige Messe.

Bis dahin kannte ich Max Thurian nur von seiner Mitgliedschaft in der Brüdergemeinde von Taizé und seinem berühmten Marienbuch von 1965, geschrieben in einer Zeit, da man in der katholischen Kirche um die rechte Marienfrömmigkeit rang.

Max Thurian wurde am 16. August 1921 in Genf in einer evangelisch-reformierten Familie geboren. 1942 gründete er zusammen mit Frère Roger Schutz die ökumenische Brüdergemeinschaft in Taizé. Papst Johannes XXIII. lud ihn, den Liturgieexperten, als Beobachter zum Zweiten Vatikanischen Konzil ein. Er nahm mit Roger Schutz an allen vier Sessionen teil. Papst Paul VI. berief ihn nach dem Konzil – wieder als Beobachter – in jene liturgische Kommission, welche die vom Konzil angestrebte Liturgiereform weiterbringen sollte. 1976 schrieb er ein viel beachtetes Buch, *Die eine Eucharistie*, und 1982 arbeitete er an der Limaerklärung mit, worüber er auch ein eigenes Buch herausgab. 1987 konvertierte er zum Katholizismus und wurde am 3. Mai 1987 vom Erzbischof von Neapel, Kardinal Corrado Ursi, zum Priester geweiht. In Neapel wurde er dann auch in das Domkapitel aufgenommen. Der Beweggrund für seine Konversion war die Sehnsucht nach der „vollen Eucharistie". Er litt darunter, dass die Protestanten nach der Reformation vor allem den Mahlcharakter hervorkehrten, im Gedächtnis an Leiden und Kreuzestod Jesu, aber seine Gegenwart in den Gestalten von Brot und Wein nur symbolisch betrachteten. Dies führte auch dazu, dass wohl die Wortverkündigung sehr stark betont, Abendmahl aber nur selten gefeiert wurde. Max Thurian erlebte zwar noch als Mitglied seiner Kirche eine Hinwendung zu häufigerer Abendmahlsfeier, die auch mehr die Freude des Auferstandenen ausstrahlte. Dennoch sah er in der katholischen Sicht der Eucharistie und des Priestertums die Erfüllung seiner Sehnsucht. Ab 1992 war er Mitglied der päpstlichen Internationalen Theologenkommission. Bei der Abfassung des Weltkatechismus lieferte er Beiträge zu den Themen Gebet und Eucharistie. Max Thurian ist am 15. August 1996 gestorben.

Für Max Thurian beginnt die Ökumene bei der gemeinsamen Taufe. Es ist gut, dass wir nun durch die gegenseitige Anerkennung der Taufe bekennen, dass wir Christen der verschiedenen Kirchen den einen Leib Jesu Christi darstellen. Das Ziel der

Ökumene aber ist für Thurian die eucharistische Gemeinschaft. Trotz seines fast spektakulären Weges vom nüchternen reformierten Christen zum katholischen Priester und Domherrn in Neapel ist Max Thurian ein ganz wichtiger und zutiefst glaubwürdiger Wegbereiter der Ökumene. Er ist auch nach seiner Konversion der ökumenischen Bewegung treu geblieben, loyal nach beiden Seiten. Seine besondere Bedeutung aber liegt im Drängen nach eucharistischer Einheit. Denn die Eucharistie ist das Sakrament der Einheit. Ich bin froh, Max Thurian in dem wunderbaren Gebirgsdorf im Wallis kennengelernt zu haben, und dass ich erlebten durfte, wie er täglich in größter Ehrfurcht Eucharistie gefeiert hat.

7. Kapitel

Eucharistie ist der Schlüssel jeglicher Kirchenerneuerung

Vieles drängt heute zur Erneuerung. Die Kirche hat ihren früheren Platz in der Gesellschaft verloren. Christen werden auch in traditionell katholischen Ländern zur Minderheit. Man beklagt das Schwinden des Glaubens, eine erschreckende religiöse Unwissenheit, eine fortschreitende Säkularisierung des Lebens und des Alltags. Paarbeziehungen jeglicher Art werden gleich bewertet. Das Leben ist weder am Anfang noch am Ende unbestritten geschützt. Diese und ähnliche Klagen sind berechtigt und rufen zu entsprechenden Konsequenzen auf.

Bei aller Klage, die heute von der Kirche lautstark artikuliert wird, fehlt mir aber eine, die das kirchliche Leben selbst zutiefst betrifft, nämlich, dass der Priestermangel erschreckend zunimmt. Er wird schon bei uns immer größer, noch viel mehr etwa in Lateinamerika, sodass Quelle und Höhepunkt gemeindlichen Lebens, die Eucharistie, nicht mehr gewährleistet werden kann. Aber ohne Eucharistie gibt es keine wirkungsvolle Neuevangelisierung. Von neu verstandener und gelebter Eucharistie hängt der Fortschritt in der Ökumene ab. Eucharistie wird zum Gradmesser barmherziger Pastoral, aber auch zur heute so notwendigen Motivation, sich im Geiste Christi für die Welt einzusetzen.

Keine Neuevangelisierung ohne Eucharistie

Die Neuevangelisierung ist das große Programm im Reform-prozess der Erzdiözese Wien, und zur Neuevangelisierung hat der Papst in seinem Schreiben *Evangelii gaudium* ausführlichst und mit Nachdruck aufgerufen. Die Kirche muss wieder mehr missionarisch werden, heißt es zu Recht, die Christen sollten in die Jüngerschule Jesu gehen, manche Strukturen werden sich der geringer gewordenen Zahl der Katholiken anpassen. Ich staune, dass dabei viel zu wenig von der Bedeutung der Eucha-ristie gesprochen wird.

Ein deutscher Pastoraltheologe hat vor zwei Jahren in Wien einen Studientag über Gemeindebildung gehalten. Er sprach faszinierend und hat viele Modelle vorgestellt. Nach diesem Tag schrieb ich ihm. Ich dankte für seine eloquenten Ausführun-gen, bemängelte aber, dass in diesem langen Vortrag das Wort Eucharistie kein einziges Mal gefallen sei. Er antwortete: „Weil diese Frage derzeit nicht lösbar ist." Sicher dachte er dabei, das verlange ja nach einer Erweiterung der Zugänge zum Priester-amt und das sei ja eine gesamtkirchliche Angelegenheit. Er woll-te offenbar keine Diskussion losbrechen.

Der Priestermangel und die immer seltener werdende heilige Messe

In Österreich und Deutschland wird der Priestermangel immer spürbarer. In der Erzdiözese Wien müssen manche Priester drei bis fünf Pfarren betreuen. In etlichen Pfarren findet an man-chen Sonntagen nur eine Wortgottesfeier statt. Die Situation wird sich in den nächsten Jahren noch zuspitzen. Der Klerus ist überaltert, neue Berufungen sind selten. Viele Priester kommen heute aus dem Ausland. Zuerst waren es vor allem Priester aus Polen, heute kommen sie aus der ganzen Welt, von den Philippinen bis Afrika. Wir sind ihnen dankbar. Aber mit der immer differenzierteren Seelsorge in Großräumen oder Pfarrverbänden sind manche überfordert. Die Zahl der Alumnen in den Priesterseminaren ist gering, auch unter diesen Studenten stammen schon manche aus anderen Ländern.

Aber auf anderen Kontinenten ist der Priestermangel noch viel bedrohlicher. Erwin Kräutler, Bischof der Diözese Xingu in Brasilien, erzählte mir einmal, er habe 777 Gemeinden und nur 26 Priester. In vielen Gemeinden gäbe es nur ein bis drei sonntägliche Eucharistiefeiern pro Jahr. Dies habe er vor Jahren auch Papst Johannes Paul II. beim Ad-limina-Besuch gesagt. Dieser habe staunend gefragt: „Und wie machen Sie es dann?"

Johannes Paul II. und Benedikt XVI. haben in ihren theologisch und spirituell so tiefen Enzykliken über die Eucharistie die Bischöfe gemahnt, sie mögen dafür sorgen, dass ihre Gläubigen jeden Sonntag die heilige Messe mitfeiern können. Da hätten eigentlich die Bischöfe ihrerseits fragen müssen: „Wie machen wir denn das?"

Aus einer anderen Diözese in Brasilien berichtete ein Priester, seine Pfarre zähle 80.000 Katholiken. Ostern feiere er die ganze Fastenzeit hindurch, nämlich jede Woche in einer anderen Region.

Der drückende Priestermangel und die Seltenheit der Eucharistie haben verschiedene Folgen. Einmal, dass damit den Gemeinden „Quelle und Höhepunkt" ihres religiösen Leben verwehrt bleiben und damit auch die Verbindung der Gläubigen mit Jesus Christus in der Kommunion. Auf der anderen Seite wächst die Zahl der kleinen Freikirchen. Sie sind überall am Ort, bieten den Gläubigen Geborgenheit und einen emotionalen Gottesdienst. Vielleicht schreibt auch vor diesem Hintergrund Papst Franziskus in *Evangelii gaudium* (a. 14), dass Evangelisierung an erster Stelle in der gewöhnlichen Seelsorge beginne, wo sich die Gläubigen regelmäßig am Tag des Herrn versammeln, um sich vom Wort Gottes und vom Brot des Lebens zu ernähren. Dort kommen sie auch mit jenen zusammen, die nicht regelmäßig kommen. Aber mit ihrer eigenen Begeisterung sollen sie die anderen entzünden.

Müsste nicht immer, wenn von Evangelisierung die Rede ist, in erster Linie auch an die Eucharistie gedacht werden?

Beruft Gott zu wenig Priester?

Diese Frage habe ich schon vor Jahren in meinem Buch *Eine Kirche, die Zukunft hat* gestellt. Ich glaube, dass Gott mehr Priester beruft, als wir heute wahrnehmen wollen.

Ich denke an die paar hundert jungen Männer, die heute Theologie studieren. Ganz wenige lassen sich weihen. Die Gründe sind mehrfach. Einmal die Unsicherheit, wie sich die Kirche künftig weiterentwickeln wird, im Geist des Konzils nach vorne oder gar wieder rückwärts. Andere haben Schwierigkeiten mit gewissen Moralvorstellungen, etwa in der Frage der Empfängnisverhütung oder der Pastoral an wiederverheirateten Geschiedenen. Schließlich ist für nicht wenige die verlangte Ehelosigkeit ein Hindernis. Neben diesen Theologiestudenten denke ich an Pastoralassistenten und Religionslehrer. Könnten sie nicht auch geweiht werden? Derzeit nicht, weil sie verheiratet sind. Von den verheirateten ständigen Diakonen hatten etliche seinerzeit auch den Wunsch, Priester zu werden. Der Zölibat hat sie abgehalten. Und jetzt? Ist die Ehelosigkeit ein so hohes, unaufgebbares Gut, dass man um ihretwillen sogar in weiten Gebieten auf die Eucharistie verzichtet?

1991 wurde zum ersten Mal das Kirchenrecht für die mit Rom unierten Orientalen kodifiziert. Dort wird erneut die alte Tradition festgeschrieben, dass auch verheiratete Männer zum Priester geweiht werden können. Könnte das nicht auch einmal in der lateinischen Kirche kommen?

Bei meinen Seelsorgeaushilfen erlebe ich manchmal, dass die Gemeinde jeden Sonntag einen „fremden" Priester einladen muss, im Volke aber sitzt der ehemalige Pfarrer, der wegen einer ehelichen Beziehung laisiert worden ist.

Professor Paul Zulehner hat vor Jahren zusammen mit dem südafrikanischen Bischof Fritz Lobinger und dem Dogmatiker Peter Neuner das Modell eines zweifachen Priesteramtes entworfen. Einmal den „Bistumspriester", der so wie jetzt von der Diözese angenommen und geweiht wird. Daneben aber denken sie an einen „Gemeindepriester" oder „Leutepriester". Das sind erfahrene Personen (*viri probati*), welche die Gemeinde aussucht und erwählt; sie werden dann vom Bischof in der Gemeinde geweiht, stehen der Eucharistiefeier vor und leiten aus deren Mitte heraus die Gemeinde, „indem sie diese in der Spur des Evangeliums halten". Sie behalten ihren weltlichen Beruf und machen ihren Dienst ehrenamtlich, wie die meisten ständigen Diakone. Dieses Modell hat Zulehner mit Lobinger einmal auch in Österreich ganz offiziell vorgestellt. Überraschenderweise gab es keine Reaktionen darauf.

In meinem Buch rief ich auch zum Gebet für geistliche Berufe auf, aber nicht nur allgemein. Vielmehr müssten wir darum beten, so schrieb ich, verstehen zu lernen, wo Gott heute – vielleicht anders als bisher – Menschen zum priesterlichen Dienst beruft.

Neuevangelisierung ohne Eucharistie?

Natürlich nein, wird man entrüstet sagen. Aber nicht Eucharistie irgendwo, weit weg, wohin man „pilgern" muss, wenn man dazu überhaupt die Möglichkeit hat, sondern dort, wo Menschen und ihre Familien zusammenleben, wo sie gemeinsam feiern und trauern. In die „Hauptpfarre" kann man immer noch gehen, wenn dort ein Fest gefeiert wird, wenn ein Anlass zur größeren Gemeinschaft ruft.

Der deutsche Pastoraltheologe hat ausführlich über Gemeindebildung gesprochen, aber kein Wort über Eucharistie gesagt, weil „diese Frage derzeit nicht lösbar ist". Aber Gemeinde ohne Eucharistie, Neuevangelisierung ohne Eucharistie vor Ort, ist das lösbar? Papst Franziskus hat von der sonntäglichen Versammlung um Wort und Brot als dem ersten Schritt zur Weitergabe des Glaubens geschrieben. Das liest sich so, als wäre es in der ganzen Welt selbstverständlich. Das ist es aber nicht. Wäre es nicht am Anfang der Neuevangelisierung auch notwendig, an das Fehlen der Eucharistie an vielen Orten, bedingt durch den Priestermangel, zu denken und neue Wege zum Priesteramt zu suchen, um damit die Feier der Eucharistie überall dort, wo es sein soll, sicherzustellen? Ich habe mich gewundert, dass der Papst in seinem fast mit Leidenschaft geschriebenen Aufruf zur Neuevangelisierung kein Wort über Priestermangel und die Gefahr der „Austrocknung der Eucharistie" in weiten Gebieten schreibt. An den Bischöfen, die er

ja zu besonderer Mitverantwortung im Geist des Konzils auf-
fordert, wird es liegen, nicht auf Lösungen aus Rom zu war-
ten, sondern solche in gemeinsamer Verantwortung auch zu
suchen und sie in Rom zu urgieren.

Eucharistie, Prüfstein glaubwürdiger Ökumene

Ökumene darf nicht dem Pragmatismus verfallen, aber auch
nicht von Emotion gelenkt werden. Ich kann die Ungeduld und
das Unverständnis für allzu komplizierte und oft in den Traditi-
onen zementierte theologische Fragen nachvollziehen, aber Ökumene kann man nicht „machen", sie ist ein Geschenk des Heiligen
Geistes, wie man richtig sagt. Deshalb ist es hilfreich, jene Zeichen
zu erkennen, die uns der Geist Gottes schon vorgibt. Was die noch
nicht gewonnene Einheit in der Eucharistie betrifft, gibt es diese
Zeichen sowohl im Hinblick auf die aus der Reformation entstandenen Kirchen als auch im Verhältnis zur Orthodoxie.

Eucharistie, Verpflichtung zu noch größerer Einheit mit den Kirchen der Reformation

Die Erneuerung der katholischen Messfeier durch das Zweite
Vatikanische Konzil hat viel an ökumenischer Annäherung gebracht. Darum ging es den Konzilsvätern nicht unmittelbar, aber
die Verwendung der Landessprachen, die Aufwertung der Schrift-
lesungen oder die Betonung des Mahlcharakters der Messe haben
Brücken gebaut. Nur Zufall oder ein „Zeichen der Zeit"?

Für mich ist es auch ein Antrieb des Heiligen Geistes, dass in
den lutherischen Kirchen nun häufiger Abendmahl gefeiert wird.

In einer lutherischen Wiener Pfarre, in der ich einmal predigte, versicherte mir die Pfarrerin, dass sie wöchentlich Abendmahl feiert und die Gläubigen das gar nicht mehr missen wollen. Bei der Einführung des neuen evangelischen Bischofs von Österreich, Michael Bünker, wurde Abendmahl gefeiert, musikalisch sogar mit Teilen aus einer Mozartmesse. Man versucht zunehmend, alles zu meiden, was den Verdacht erwecken könnte, die evangelische Kirche würde nicht an die reale Gegenwart des Herrn glauben.

Mir scheint auch geistgewirkt, dass die Sehnsucht bei immer mehr Christen steigt, sich beim Mahl wenigstens Gastfreundschaft zu geben. 1999 wurde in Augsburg eine gemeinsame Erklärung über die Rechtfertigungslehre vom Präsidenten des Päpstlichen Rates zur Förderung der Einheit der Christen und von Vertretern des Lutherischen Weltbundes unterzeichnet. Dabei haben beide Seiten gemeinsam gelernt, sich in einer ganz wichtigen Sache zu einigen, aber Fragen rundherum stehen zu lassen, ohne sie weiterhin als kirchentrennend anzusehen. Kurz nach dieser Unterzeichnung hat Kardinal Walter Kasper gemeint, eine ähnliche Erklärung könnte man bald auch über die Eucharistie abschließen. Leider geschah das bis heute nicht.

Theologische Diskussionen interessieren die breite Öffentlichkeit kaum. Aber man deutet und versteht Zeichen. Ein solches Zeichen ist der beharrlich leere Platz am Tisch des Mahles, zu dem uns ja der Herr selbst einlädt. Wie lange müssen wir dieses Ärgernis noch geben?

Eucharistiegemeinschaft mit der orthodoxen Kirche

Katholiken und Orthodoxe sind sich in der Frage der sieben Sakramente und des Priesteramtes einig. Dennoch gibt es bei den

Leonardo da Vinci
„Das Letzte Abendmahl" (*L Ultima Cena* bzw. *Il Cenacolo*)
um 1495 bis 1498, Mischtechnik, 460 × 880 cm
Refektorium des Dominikanerkonvents Santa Maria delle Grazie, Mailand

„Als Jesus das gesagt hatte, wurde er sehr traurig und sagte ihnen ganz offen:
Amen, ich versichere euch: Einer von euch wird mich verraten."
(Joh 13,21)

Leonardos „Abendmahl" ist mit Sicherheit das am weitesten verbreitete
religiöse Kunstwerk des Abendlandes. Unzählige Nachahmungen und
Paraphrasierungen – von tiefer Verehrung bis zu provozierendem Spott
– zeigen, dass diese Nähe von Liebe und Verrat die Menschen seit fünf-
hundert Jahren nicht unberührt lässt. Während Jesus, „sehr traurig", sich
mit offenen Händen in den Gestalten von Brot und Wein hingibt, gestiku-
lieren die Jünger „als ob sie gerade stritten", wer ihn wohl verriete. Nur der
Jünger zur Linken Jesu, Jakobus, der „Herrenbruder", erkennt ehrfürchtig
staunend die Tragweite der Handlung Jesu.

Orthodoxen Kommunion nur für Angehörige ihrer Kirche. Wir haben Respekt davor, zumal man in den orthodoxen Kirchen seltener zur Kommunion geht und sich darauf sehr sorgfältig vorbereitet.

Trotz aller Nähe gibt es immer wieder theologische Gespräche über Christologie und vor allem über den Primat. Zu solchen Gesprächen hat ja Papst Johannes Paul II. schon 1995 eigens aufgerufen. Das Kirchenvolk wird diese Gespräche nicht gar so interessieren. Aber es wächst die Zahl derer, welche die so feierliche „göttliche Liturgie" in der orthodoxen Kirche schätzen und mitfeiern wollen. Dazu gehört, so meinen sie zu Recht, aber wohl auch die Teilnahme am eucharistischen Mahl.

Ich würde mir wünschen, dass die Mahlgemeinschaft auch hier Wirklichkeit wird. Es würde die Glaubwürdigkeit der Ökumene stärken. Denn wenn wir schon durch die Taufe alle den einen Leib Christi bilden, sollten wir auch den eucharistischen Leib geschwisterlich teilen können.

Barmherzige Pastoral nicht ohne Eucharistie

Papst Franziskus spricht immer wieder von der Barmherzigkeit und wie man auf die Menschen mit ihren Problemen zugehen und sie begleiten soll. Gott wartet auf diese Menschen, mit viel Geduld, sagt der Papst.

Zu den vielen Erneuerungen, die man heute von der Kirche erwartet, gehört auch die Pastoral an wiederverheirateten Geschiedenen. Es ist schon ausführlich darüber weiter oben geschrieben worden. Seit Jahrzehnten wird darüber diskutiert und man hat offiziell noch immer keine lebbare Lösung gefunden.

Es steht eine rein juridische Sicht dem Bemühen gegenüber, den Partnern in der zweiten ehelichen Verbindung einen neuen Anfang zu gewähren. Die sakramental geschlossene und vollzogene Ehe ist unauflöslich. Solange diese besteht, dürfen Partner einer zweiten Ehe nicht zu den Sakramenten gehen. Man versucht das theologisch so zu begründen, dass Geschiedene, die aus dem Liebesbund mit Christus, der ein Vorbild für die Ehe ist, austreten, nicht in den Liebesbund der Eucharistie eintreten können. „Ihr Lebensstand und ihre Lebensverhältnisse stehen in objektivem Widerspruch zu jenem Bund der Liebe, zwischen Christus und der Kirche, den die Eucharistie sichtbar und gegenwärtig macht", schrieb der Präfekt der Glaubenskongregation Erzbischof Gerhard Müller im Oktober 2013 in einem Artikel im *L'Osservatore Romano*. Das verwehrt ihnen die Möglichkeit, die Eucharistie zu empfangen.

Die nächsten beiden Bischofssynoden im Herbst 2014 und dann 2015 werden gerade auch über dieses Thema handeln. Ihnen werden tausende Antworten auf den von Rom ausgeschickten Fragebogen vorliegen. Sicher wurde darin vielfache Kritik an der bisherigen Rechtslage geäußert. Nicht, weil man die Unauflöslichkeit der Ehe nicht mehr ernst nimmt oder weil man dem „liberalen Zeitgeist" verfallen ist, sondern weil man auf die unverzichtbare Stärkung aus dem Sakrament der Eucharistie vertraut, den neuen Lebensabschnitt besser als bisher im Geiste hingebungsvoller Liebe zu leben und auch beispielhaft den Kindern weiterzugeben. Man wird aber sicher auch auf das nach dem Konzil gereifte Verständnis von heiliger Messe hinweisen, zu deren Teilnahme doch wesentlich der Kommunionempfang gehört, der aber nicht durch Anbetung oder die geistliche Kommunion ersetzt werden kann. Schließlich wird man betonen, dass der Einladende Christus selbst ist und nicht der von der Kirche bevollmächtigte Priester und dass objektive Normen nie die subjektive Gewissensentscheidung und die persönliche Sehnsucht nach Vereinigung mit Christus im Sakrament gänzlich behindern können.

Wo immer heute von Barmherzigkeit geredet wird, haben sich die Verantwortlichen in der Kirche an jenem Geist zu orientieren, den wir alle in der Messe staunend bewundern, in der Kommunion gläubig aufnehmen und auch mit Christus vereint in die Welt tragen wollen.

Eucharistie verändert die Welt

Jede Messfeier schlägt eine Brücke von der Erde zum Himmel. Sie verbindet Irdisches mit Überirdischem. Das Geheimnis der Menschwerdung Gottes wird gefeiert, Tod und Auferstehung Jesu und die Sehnsucht nach seiner Wiederkunft werden wachgehalten. Der Glaube an die reale Gegenwart Gottes in seinem Wort, das verkündigt wird, in der gemeinsam betenden und feiernden Gemeinde, vor allem aber auch in den sakramentalen Gestalten von Brot und Wein lässt die Welt anders sehen: mein eigenes Leben, den Menschen nebenan und die vielen in der weiten Welt. Eucharistie verändert so in Wahrheit die Welt.

Die Eucharistie verändert aber auch den Menschen, der sie gläubig mitfeiert. Er hört, was der Herr ihm sagen will. Er wird mit ihm in wunderbarer Weise eins in der Kommunion. „Wer mein Fleisch isst und mein Blut trinkt, der bleibt in mir und ich in ihm." Aber diese innige Vereinigung darf nicht wirkungslos bleiben. „Tut dies zu meinem Gedächtnis." In der Messe werden nicht nur die Gaben von Brot und Wein „verwandelt", sondern der Christ, der eins wird mit diesen Gaben, soll selbst „verwandelt" werden. Er soll den Geist dessen annehmen, dem er sich nahe fühlt, den er anbetet und verehrt. Den Geist der Hingabe gegen alle Formen des Egoismus; den Geist der Liebe, auch wo sie nicht erwidert wird; den Geist des Friedens, wo Hass und Streit das Leben unerträglich machen; den Geist der Stärke, sich einzusetzen für die, die niemanden haben, die ausgestoßen, ausgegrenzt, verachtet sind.

„Geht hin in Frieden", heißt es am Ende der Messe. Eine Sendung in seinem Geist als Boten der Liebe und des Friedens.

Die Messe ist nicht eine „private'" Andacht der Christen, gleichsam hinter verschlossenen Türen. Sie ist ein Zeichen und ein Dienst für die Welt.

Jeden Sonntag werden Millionen Messen in der ganzen Welt gefeiert. Jede einzelne ist Quelle christlichen Lebens. Welche Kraft könnte von da ausgehen zur Veränderung der Welt!

Die Kirche steht heute weltweit vor einem Erneuerungsprozess. Sie muss ihren Platz neu finden in einer völlig veränderten Gesellschaft. Sie wird von dieser vermehrt Widerspruch erfahren. Das fordert zum Nachdenken heraus, was unbedingt bleiben muss, auch gegen größten „weltlichen" Widerstand, und was mit dem Fortschritt der ganzen Menschheit auch weitergedacht werden soll.

Mehr als alle Lehre aber wird das Zeugnis nötig sein, dass es einen Gott gibt und dass es in der Verantwortung vor ihm und in der Nachfolge Jesu auch eine andere Weise zu leben gibt, die das Zusammenleben verändert und „menschlicher" macht.

Dass dies aber im Auftrag Jesu gelingt, braucht es noch mehr Erneuerung der Liturgie, dass sie lebensnah *und* gottvoll wird und uns selbst für den Dienst an Gottes Welt „verwandelt". Vor allem aber muss Kirchenerneuerung bei der Eucharistie ansetzen und daraus leben.

8. Kapitel

Eucharistie –
das Brot meines Lebens

Wenn Kommunion „alltäglich" wird

Seit meiner Frühkommunion bin ich fast täglich zur Kommunion gegangen. Zuerst begleitete ich meine Mutter, die jeden Tag vor dem Einkaufen zur Messe ging. Bald fing ich an zu ministrieren und tat dies mit großer Begeisterung. Ab der 6. Klasse besuchte ich das Wasagymnasium, das damals noch in den Räumen des Schottengymnasiums einquartiert war. Vor der Schule ging ich häufig in die Schottenkirche zur Messe. Ich dachte schon damals ziemlich ernst daran, Priester zu werden. Übrigens wurden aus meiner Klasse dann drei Mitschüler katholische Priester und einer methodistischer Pfarrer.

Warum dieser häufige Messbesuch? Einmal, weil mich die Messe von klein auf fast geheimnisvoll anzog. Erklären konnte ich das nicht. Zum anderen aber wurde es mir irgendwie zur Gewohnheit. Ging ich nicht, fehlte mir etwas. War ich zu faul, früh aufzustehen, machte ich mir Vorwürfe. Übrigens gingen damals noch relativ viele Menschen täglich zur Messe. Messen wurden auch zahlreich angeboten am Hauptaltar und an Seitenaltären mindestens zu jeder Stunde. Viele bedauern, dass es heute in vielen Pfarren keine Wochentagsmesse mehr gibt. Die Messe am Morgen vermittelte einen schönen, spirituellen Tagesbeginn.

Jetzt, so 78 Jahre nach meiner Erstkommunion, frage ich mich, was mir die häufige Kommunion gebracht hat und ob alles recht war.

Die Kommunion war tatsächlich so etwas wie mein tägliches Brot. Aber wurde es nicht „alltäglich"? Zu einer äußeren Gewohnheit? Ich weiß nicht mehr, was ich nach der Kommunion jeweils gebetet habe. Sicher inniger vor einer Schularbeit, aber oft auch gar nicht. Die Kommunion gehörte einfach zur Messe dazu. Die ganz persönliche Begegnung mit Christus, seine Freundschaft zu mir war mir kaum bewusst. Es hat mir auch niemand dazu verholfen. Aber hat diese sakramentale Nähe zu Jesus nicht doch mein Leben geprägt, auch ohne mein Zutun? Hat sie nicht meine Liebe zur Kirche bestärkt? Den Ruf zum Priesterwerden wachgehalten? Weil Jesus ganz ohne mein Zutun wirkte.

Die Kommunion ist eine tiefe Form der Beziehung, ist ein Liebesakt. Von Jesus so eingesetzt und von ihm auch jedes Mal in voller Hingabe an mir vollzogen, auch wenn ich gar nicht daran dachte, mich keineswegs dazu bewusst öffnete. Wie es auch in der menschlichen Liebe sein kann, dass einer den anderen zutiefst liebt und doch zunächst keine Gegenliebe erfährt.

Seit wir nach dem Konzil den Mahlcharakter der Messe stark betonen, gehen viele zur Kommunion. Das ist richtig so, weil diese Art der Vereinigung von Christus gewollt ist. Aber dieses tägliche Brot ist auch hier in Gefahr, alltäglich zu werden, so gewohnt, so „gewöhnlich", dass man es vom irdischen Brot kaum mehr unterscheidet. Kommunionempfang scheint zur Routine geworden zu sein. „Man" geht zur Kommunion, weil alle gehen, aber die persönliche Öffnung in Liebe zu Christus fehlt.

Wir müssen neue Wege finden, um die Gläubigen für diese Liebesbegegnung zu öffnen und zu befähigen. Das ist eine Form der Liturgieerneuerung, die noch ganz am Anfang steht. Und manchmal wäre es vielleicht gut, ganz bewusst einmal auf die Kommunion zu verzichten, um aus dem „Alltag" auszubrechen und so neue Sehnsucht danach zu wecken.

Die tausend Messen – wann war ich dem Geheimnis am nächsten?

Seit ich vor 60 Jahren zum Priester geweiht wurde, habe ich mindestens 20.000 Messen gefeiert oder mitgefeiert. Sie waren sehr unterschiedlich. Viele „Privatmessen" an Seitenaltären, aber auch eine Papstmesse in Dublin mit 1,25 Millionen Teilnehmern. Gemeindemessen aller Art, Festmessen bei Visitationen oder Messen im kleinen Kreis. Messen mit Behinderten oder Hausmessen „rund um einen Tisch". Immer das gleiche Wunder der Eucharistie und doch dem Geheimnis sehr unterschiedlich nahe.

Was die *Privatmessen* anlangt: Wir wurden im Priesterseminar dazu erzogen, wenn nur irgendwie möglich täglich eine heilige Messe zu feiern. Vor dem Konzil war eine Konzelebration nicht erlaubt. So begann ich meinen Arbeitstag als Sekretär bei Kardinal König mit einer stillen Messe, meist ganz allein, an einem Seitenaltar im Stephansdom. Für mich war das wie ein erweitertes Morgengebet. Wir hatten allerdings gelernt, dass jede Messe besondere Gnadenfrüchte vermittelt. Weil im Auftrag der Kirche gefeiert und geistig mir ihr vereint, bringt jede Messe eine

Frucht für die ganze Kirche, einen *fructus generalis.* Die arme Seele, für die man eine Messe aufopferte, sollte einen *fructus specialis* erhalten. Der Priester selber aber, so sagte man, bekommt jeweils einen *fructus specialissimus.* Diese Idee war im 13. Jahrhundert aufgekommen. Die dahinterstehende Theologie ist sehr fragwürdig, aber für manche Priester war sie auch ein Motiv, keine Messe auszulassen.

In der nachkonziliaren Zeit konnte man konzelebrieren und mancher Priester verzichtete auch auf die tägliche Messe, wenn keine Gemeinde mitfeierte. Das veranlasste die Kongregation für den Klerus im August 2013 zu einem Schreiben über „Die tägliche Feier der Heiligen Messe auch in Abwesenheit von Gläubigen". Dabei zitierte man das nachsynodale Schreiben *Sacramentum Caritatis* von Papst Benedikt XVI. aus dem Jahr 2007, in dem der Papst den „objektiv unendlichen Wert" jeder Eucharistiefeier hervorhob, aber dann auch von der „einzigartigen geistlichen Wirkkraft" für den Priester sprach, „da sie die Gleichgestaltung mit Christus fördert und den Priester in seiner Berufung stärkt". Aber wird so nicht das unbegreifliche Geheimnis der Eucharistie, das der Kirche mit ihren Priestern anvertraut ist, einseitig, ja verkürzt als Frömmigkeitsübung des Priesters gesehen? Ist die Eucharistie für den Priester da, damit er durch sie seine Identität bestätigt, oder ist der Priester geweiht zum Dienst an der Eucharistie für Kirche und Gemeinde?

Eucharistie, ein *Fest der ganzen Gemeinde.* Allgemein wird geklagt, dass die Zahl der Messbesucher am Sonntag zurückgeht. Das ist bedauerlich, hat aber verschiedene Gründe. Bei bischöflichen Visitationen erlebe ich am Land dennoch oft übervolle Kirchen. Kindergarten und Schule sind mit ihren Pädagogen vertreten, die Vereine marschieren auf, die Musik, die Feuerwehr, der Kameradschaftsbund, das Rote Kreuz und viele andere.

Ein unkluger Pfarrer sagte mir einmal vor der Visitation, er werde das verhindern. „Sie kommen ja sonst auch nicht in die Kirche!" Ich warnte ihn, solches ja nicht zu tun. Ich wünsche sogar, dass sie alle kommen. Und sie kamen wirklich. Ich begrüßte sie ganz herzlich, lobte ihre Anwesenheit, fügte aber etwas verschmitzt hinzu, es wäre schön, wenn sie öfter kämen. „Aber heute ist einmal die ganze Gemeinde versammelt, weil ja auch die heilige Messe die Einladung an alle ist und die geistliche Quelle für ein gelungenes Zusammenleben unter dem Schutz und Segen Gottes."

Auch am Land gehen heute weniger als bisher am Sonntag zur Kirche, aber die Messe hat dort noch eine deutliche gemeindebildende Funktion. Man feiert das Kirchweihfest, den „Kirtag", Erntedank, die großen kirchlichen Feste, das Totengedenken zu Allerheiligen und Allerseelen. Die Vereine haben ihre eigenen Messen, die Jäger und die Feuerwehr, gelegentlich sogar die Sportler. Messe erhöht dabei nicht nur die Feierlichkeit, sondern sie schafft eine Gemeinschaft, die über sonst Trennendes hinausführt und religiös verbrämt, was sonst allzu weltlich ist.

Fast lückenlos versammelt sich die Gemeinde bei einem Begräbnisgottesdienst. Aus Anteilnahme kommen auch solche, die sonst nie in die Kirche gehen, die ausgetreten sind oder eine andere Religion haben. Ich mache die Seelsorger darauf aufmerksam, dass die Begräbnismesse die beste Gelegenheit bietet zu einer fast systematischen Christenlehre. Die Leute kommen mehrmals im Jahr und der Tod eines Menschen lässt allemal an das „Danach" denken und daran, wen es von uns als Nächsten treffen wird.

Erstkommunion- und Firmmessen. Selbst in der Stadt werden bei solchen Anlässen manchmal die Kirchen zu klein. Es kommt hier zur Begegnung von drei Generationen. Auch die Großeltern wollen dabei sein. Man ist stolz, dass Kinder und Enkel einmal so im Mittelpunkt der Kirche stehen. Ein wenig nostalgisch erinnert man sich an die eigene Erstkommunion und Firmung. Kirche wird auf einmal auch Fernstehenden „sympathisch". Bei den vielen Firmungen, die ich in 37 Bischofsjahren gehalten habe, ist mir dieses Familienfest ein besonderes Anliegen. Ich erinnere die Älteren an ihre eigenen religiösen Kindheitserlebnisse, ich frage die Eltern, warum sie ihr Kind vor 14 Jahren eigentlich taufen ließen. Bei der Agape danach kam es schon zu ernsten Gesprächen mit Großeltern, die nach langer Zeit wieder eine Berührung mit der Kirche hatten. Ich ermuntere die Pfarren, die Firmgottesdienste möglichst schön zu gestalten, um zu zeigen, wie lebendig man heute Messe feiern kann. Und das geschieht oft auch beispielhaft. Gut gestaltete Eucharistie kann werbend wirken, plötzlich etwas erahnen lassen, was man längst vergessen hat.

Messe mit *Behinderten.* Am Kahlenberg bei Wien gibt es ein Caritasheim für zum Teil schwer behinderte Kinder. Dort bin ich besonders gern für die Firmung oder auch für Messen. Ein begnadeter Priester, der die Kinder überaus liebt, bringt sie zu einer Art der Mitfeier, wie ich sie sonst kaum erlebe. Er singt sehr viel mit ihnen, macht selbst kurze Texte und unterlegt sie musikalisch, sodass alle nachsingen können. Wenn die Kinder dann „warm" geworden sind, erklingt ein Gotteslob aus Kindermund, das jedem, der dabei ist, zutiefst ins Herz geht und ihn mitreißt. Die liturgischen Regeln werden nicht alle eingehalten, aber die Kinder erleben: Gott ist da, er hat mich lieb und es ist schön, bei ihm zu sein. Nach einer Fir-

Raoef Mamedov
„Das Letzte Abendmahl" (Ausschnitt)
Fotoinszenierung 1998, Chromogendruck
Sammlung Israel Museum, Jerusalem

„Der Jünger, den Jesus besonders lieb hatte, saß neben ihm.
Simon Petrus gab ihm durch ein Zeichen zu verstehen:
Frag du ihn, von wem er spricht!"
(Joh 13,24)

Der Moskauer Fotokünstler und Regisseur Raoef Mamedov, geboren 1956
in Aserbaidschan, zeigt in seiner Fotoinszenierung „Das Letzte Abendmahl" Jesus und seine zwölf Jünger als Menschen mit Down-Syndrom.
Als Assistent in einer Einrichtung für Behinderte begann er, die übliche
Vorstellung von „normal" zu hinterfragen und spürte, dass diese Menschen
oft „näher einer christus-förmigen Existenz" und damit auch näher dem
Geheimnis der Eucharistie sind. Die Gruppierung der Personen ist genau
dem „Abendmahl" von Leonardo da Vinci nachgestellt. Nur die Gestalt des
Apostels Johannes wird von einer Frau verkörpert.

mung kam ein schwer behinderter Bub zu mir und machte mir ein Kreuz auf die Stirn. Er wollte mir damit zeigen, wie schön das alles war, und mir in einer wahrhaft originellen Weise dafür danken.

Schulmessen habe ich in der Regel nicht gern. Es liegt etwas von Zwang auf ihnen. Wenn sehr viele Schüler anwesend sind, ist es auch schwer, sie zur Konzentration zu bringen. Für mich gibt es aber eine sehr schöne Ausnahme. Seit 27 Jahren feiere ich mit der Schulgemeinschaft der Ursulinen in Mauer die Schulschlussmesse. Es versammeln sich im schönen Schulgarten etwa tausend Mädchen und Buben, um freudig das Schuljahr zu beenden. Dazu kommen die Lehrkräfte, viele Eltern, manchmal auch ehemalige Schüler. Es ist schwer, alle anzusprechen. Gleich neben dem Altar sitzen die Kinder, die gerade ihr erstes Schuljahr stolz beendet haben. Weiter hinten sind die „großen" Studenten der Oberklassen im Gymnasium. Sie haben sich schon beschwert, wenn ich zu sehr nur zu einer der Gruppen gepredigt habe. Was mir aber gefällt, ist die gute Vorbereitung und Gestaltung. Eine Woche vorher kommt die Religionslehrerin mit einer Abordnung von Schülern und Schülerinnen zu mir, um die Lesungen zu besprechen. Das hilft mir und ich staune, was diese jungen Leute predigen würden, manchmal frömmer, als ich es vorhabe. Ein eigenes Jugendorchester spielt auf moderne Art, sogar mit Solosängerinnen. Fürbitten und Meditationstexte sind eigens verfasst. Über der ganzen Feier liegt viel gemeinsame Freude und Dankbarkeit über das verflossene Jahr, von Schülern genauso wie von Lehrern und Eltern. Die Messe wird zur großen Dankfeier. Es braucht immer Motive für eine Messe, dann sind sogar kritische Jugendliche innerlich dabei. Hier eine Messe des Dankes, die glcichzeitig in die Freiheit der Ferien entlässt.

Papstmessen in Dublin und in Wien

1983 besuchte Papst Johannes Paul II. Österreich und ich hatte im Namen der Bischofskonferenz den Besuch vorzubereiten. Weil das so neu für mich war, ging ich vorher auf „Werkspionage" in andere Länder. Darunter kam ich auch nach Irland. Im Lunapark in Dublin feierte der Papst vor 1,25 Millionen Menschen die Messe. Weit über hundert Bischöfe saßen da mit ihren weißen Infeln. Tausende Priester in Chorrock und Stola. Die Zahl der Gläubigen war so groß, dass sie am Horizont zu verschwinden schienen. An diesem Tag war in Dublin der ganze Verkehr lahmgelegt. Das Radio berichtete ausschließlich vom Papstbesuch. Ich dachte mir: Was ist doch aus der Abendmahlsgemeinde und aus den Hausgemeinschaften der ersten Christen jetzt nach 2000 Jahren alles geworden. Und doch ist gleich wie damals, dass sich der Herr in Brot und Wein den Menschen zur Speise gibt. Hier millionenfach. Freilich war für viele der Papst die eigentliche Attraktion, also der Vicarius Christi, wie sich die Päpste ja heute noch immer nennen. Aber war es nicht auch die freudige und stolze Manifestation: Wir sind Kirche und sind es, weil der Herr im Sakrament mitten unter uns ist, uns eint und uns nährt und zu Zeugen seiner Gegenwart und Liebe macht.

In Wien waren über 300.000 Menschen bei der Papstmesse im Donaupark. Sie hat noch bei schönem Wetter begonnen, dann aber ergoss sich ein Platzregen über das Gelände. Und fast alle hielten durchnässt aus und niemand wurde krank. Ein großes Kreuz erinnert heute noch im Donaupark an diese Messe.

Was ist die Eigenart solcher Massenmessen? Wie unterscheiden sie sich von ähnlich großen Ansammlungen in Stadien und auf großen Plätzen? In einer Welt, die Gott zu vergessen scheint, sind sie Demonstrationen: Es gibt einen Gott, er ist mitten unter uns. In einer Gesellschaft, in der die Christen zur Minorität werden, gibt es Mut, sich einmal so machtvoll zu versammeln. Das gilt vor allem für die Weltjugendtreffen mit dem Papst. Wo aber haben solche Treffen ihre Grenzen? Bleibt hier noch Platz für eine ganz persönliche Begegnung mit Christus?

Messe mit meiner hochbetagten Mutter am Tisch des Wohnzimmers

Sie war schon über neunzig und konnte nicht mehr ausgehen. Da kam ich manchmal zu ihr, wir setzten uns an den Tisch, an dem wir oft gegessen hatten, und ich feierte mit ihr Eucharistie. Sie war ganz konzentriert. Und obwohl ihr Kurzzeitgedächtnis stark nachgelassen hatte, kannte sie die Gebete der Messe noch ganz genau. Sie betete viel mit, sogar manche Priestergebete. Mir schien, als würde sie „konzelebrieren". Vielleicht war ich da dem Geheimnis der Messe am nächsten und erfuhr, wie dieses Brot des Himmels tatsächlich zum stärkenden Brot eines so langen Lebens werden kann. Aber auch: „Wer von diesem Brot isst, wird ewig leben."

Wo bleibt die Ehrfurcht?

Papst Benedikt XVI. hat sich in den letzten Jahren seines Pontifikats immer größere Sorgen gemacht, dass die Ehrfurcht rund um die Eucharistie so abnimmt. Aus diesem Grund ließ er bei öffentlichen Papstmessen für jene, die bei ihm kommunizieren durften, eine Kniebank aufstellen und gab der Mundkommunion den Vorzug. Die Absicht war klar. Dennoch ist zu fragen, ob damit die Ehrfurcht wirklich steigt. Schließlich kann ja Stehen ein besonderes Zeichen der Ehrfurcht und der Bereitschaft sein, und was die Handkommunion anlangt, haben schon die Kirchenväter schöne Worte über sie gefunden, dass man nämlich mit den Händen dem Herrn, der zu einem kommt, einen Thron bereitet.

Die Gründe für die Ehrfurchtslosigkeit sind mehrfach. Nicht zuletzt sind auch die Priester schuld durch die Art, wie sie die Messe feiern. Ich bin manchmal erstaunt, wie hastig und fast wie beiläufig Mitbrüder im Priesteramt die Einsetzungsworte „Das ist mein Leib", „Das ist mein Blut" aussprechen. Was denken sie wohl dabei? Oder es stört mich, wenn bei der Kommunionspendung das Deutewort „Der Leib Christi" wie im Befehlston herausgerufen wird, sodass man es weithin hört. Nein, man darf nicht zuerst die Gläubigen der Ehrfurchtslosigkeit zeihen, sondern muss den Grund auch beim Zelebranten suchen. Wie einer die Messe feiert, geht auch auf die Mitfeiernden über. Sie merken genau, wie nahe der Priester dem Geheimnis der Nähe Christi steht. Ob er selbstbewusst eine liturgische Rolle spielt oder sich dienend dem widmet, was er im Namen Christi tun darf. Jeder Priester sollte dankbar sein, wenn er dann und wann von jemandem ehrlich hört, welchen Eindruck er beim Zelebrieren macht. Die Leute können gut Theatralik einerseits und seelenlose Routine andererseits als solche wahrnehmen. Sie merken, wie ernst einem Priester sein heiliger Dienst ist.

Ehrfurcht ist auch dann in Gefahr, wenn man die Messe möglichst attraktiv gestalten will. Vor allem gilt das für Jugendmessen, so sehr all jene Lob verdienen, die sie für Jugendliche ansprechend gestalten wollen. In Wien hat es verschiedene Versuche gegeben, die Messe mit wechselndem bunten Licht, mit poppiger Musik oder mit dem Einspielen von Interviews und Filmen „kurzweilig" zu gestalten. Es kamen wirklich viele Jugendliche, die Kirche war voll. Sie sangen aus vollem Hals englische Lieder, deren Text an die Wand projiziert war. Es war alles interessant – aber einmal sagte ein Junge: „Das war so gut, dass das ‚Danach' gar nicht mehr hätte kommen müssen." Mit dem ‚Danach' aber meinte er Hochgebet und Wandlung, also den Höhepunkt der Messe. Ich war bestärkt in meiner Kritik, man dürfe die Jugend nicht mit Mitteln ihrer Unterhaltung gleichsam zur Messe „locken". Die ist mir dafür zu heilig. Besser wäre es, nur einen Wortgottesdienst zu machen, bei dem man frei ist für die Anwendung von optischen und akustischen Mitteln aller Art.

Ich habe es aber auch anders erlebt. Bei einer Messe mit ähnlicher Gestaltung, zu der ich als Zelebrant eingeladen war, wollte man das Hochgebet und die Wandlung mit Musik überdecken, vielleicht um die Jugend da, wo sie nicht tätig ist, ruhig zu halten. Ich protestierte. Es müsse still sein und ich würde laut beten. Mit wenigen Worten leitete ich das Hochgebet ein und erinnerte an die dramatische Abschiedsstimmung beim letzten Abendmahl. Und siehe, die 1000 Jugendlichen – teils saßen sie auf dem Boden der Kirche, weil sonst kein Platz war – blieben völlig still und hatten offenbar etwas von dem Geheimnis des sakramentalen Geschehens verspürt. Man kann den Jugendlichen mehr zutrauen, als man oft meint. Vielleicht leidet die Ehrfurcht auch, wenn man die Jugend unterfordert.

Sehr streng würde ich sein, wenn jemand, um der Jugend nachzugehen, die Messe in eine Diskothek verlegen will, was alles auch schon versucht wurde. Sorgen machen mir auch „Faschingsmessen". Ein Kaplan hat am Faschingssonntag bei der Predigt der Messe eine Schweinslarve aufgesetzt. Man hat ihn im Ordinariat verklagt. Ich stellte ihn zur Rede und fragte, was er sich dabei gedacht habe. „Nichts", antwortete er. „Und das ist das Schlimmste, gedankenlos einen solchen Unsinn zu tun", sagte ich zu ihm. Am Faschingssonntag soll es auch in der Pfarre froh zugehen, aber wohl nach der Messe oder am Nachmittag. Beim Gedächtnis an Jesu Hingabe, seinen Tod und seine Auferstehung hat ein billiger Faschingsscherz keinen Platz.

Als Moses sich dem brennenden Dornbusch näherte, hörte er eine Stimme: „Zieh deine Schuhe aus, hier ist heiliger Boden." Der Altar ist ein heiliger Ort. Vor ihm und um ihn muss man in Ehrfurcht stehen.

Am Wunder vorbei

In einer Zeit, in der der religiöse Glaube „verdunstet", wie man sagt, in einer hochtechnisierten Zeit, wo alles erklärbar und machbar sein muss, wuchert dennoch der Wunderglaube. Erscheinungen aller Art wie eine angeblich weinende Muttergottesstatue ziehen tausende Schaulustige an, die hier durchaus auch an ein Wunder glauben.

In jeder Eucharistiefeier geschieht tatsächlich ein Wunder. In Brot und Wein, den schlichten Gaben des täglichen Lebens, wird durch die Worte des Priesters gemeinsam mit dem Gebet der Gläubigen durch die Herabrufung des Heiligen Geistes der auferstandene Herr wirklich und wahrhaftig gegenwärtig. Ein Wunder, das anscheinend so alltäglich geworden ist, dass man es nicht mehr beachtet. Ich gestehe: In den letzten Monaten, als ich an diesem Buch schrieb, ertappte ich mich selbst, wie wenig mich dieses Wunder, das ich täglich erlebe, manchmal innerlich berührt. Jetzt halte ich inne, bewusster als früher. Hier ist Jesus Christus wahrhaft gegenwärtig. Nicht erklärbar, eben „wunderbar". Jetzt halte ich ihn ehrfürchtig in meiner Hand.

Frantisek Siardus Nosecký
„Das Himmlische Gastmahl"
Deckenfresko, 1728–1731
Sommerrefektorium des Klosters Strahov, Prag

„Und man wird von Osten und Westen und von Norden
und Süden kommen und im Reich Gottes zu Tisch sitzen."
(Lk 13,30)

Es ist ein Augenblick des Glücks, wenn man das Sommerrefektorium des
Prämonstratenserstiftes Strahov betritt. Durch die geniale scheinarchitekto-
nische Malerei des Konventmitglieds Siardus Nosecký werden Blick und Seele
emporgehoben und einbezogen in das himmlische Gastmahl, das „da oben"
im fröhlichen Durcheinander der Gäste aus allen Himmelsrichtungen von
statten geht. Inmitten von Musikanten steht der Gastgeber Christus. Angetan
mit weißer Servierschürze blickt er aufmunternd in die Runde, während aus
der Schürze die Brote der Speisung der Welt leuchten.

Bei großen Jugendvespern, vor allem bei den Weltjugend-treffen mit dem Papst, wird meist auch eine übergroße Monst-ranz mit dem Allerheiligsten herbeigebracht und zur Anbetung ausgesetzt. Da wird alles still und nicht wenige Jugendliche, die sonst nicht so wundergläubig sind, schauen wie fasziniert auf die weiße Hostie. Auf wunderbare Weise ist Jesus da. Vor dem Tabernakel in den Kirchen brennt ein rotes Licht, zum Zeichen, dass das Allerheiligste dort aufbewahrt wird. Jemand hat einmal gesagt, die katholischen Kirchen haben so etwas Anziehendes, weil sie nicht leer sind. Hier ist im Tabernakel einer immer ge-genwärtig, vor dem ich das Knie beugen kann, mein Leid aus-schütte und mir Trost und Hilfe erwarte.

Es gäbe keine Anbetung im kleinen und im großen Kreis, nicht auf den großen Feldern eines Weltjugendtreffens, der Tabernakel wäre leer und ohne Licht, wenn nicht immer wieder Eucharistie gefeiert würde, wo Brot und Wein zum Leib und Blute Christi wer-den. Und das geschieht, um mit Christus Mahl zu halten, ganz mit ihm eins zu werden. Schon früh hatte man von dieser göttlichen Speise eine „heilige Reserve" angelegt, in eigenen, kunstvollen Sak-ramentshäuschen aufbewahrt, um Sterbenden die „Wegzehrung" auch außerhalb der Messe reichen zu können. Es ist richtig, dass mit diesen „Resten" würdevoll umgegangen wird, nicht aber, dass die Wandlung in der Messe weniger Beachtung findet als die Anbe-tung der übriggebliebenen heiligen Gaben. Man geht am Wunder der Messe vorüber, um es dann danach zu suchen und anzubeten.

Nach der Wandlung ruft der Priester oder Diakon aus: Ge-heimnis des Glaubens. Manche deuten dabei noch mit den Händen auf Brot und Kelch. Ja, es ist ein großes Geheimnis, ein Wunder. Ich kann nur innehalten und staunen. Ich möchte es künftig bewusster tun, um das Wunder nicht zu übersehen.

Öfter verwendete Literatur

J. Brosseder und H. G. Link (Hg.), Eucharistische Gastfreundschaft. Ein Plädoyer evangelischer und katholischer Theologen. Neukirchener Verlagshaus 2003

Papst Franziskus, Apostolisches Schreiben *Evangelii gaudium.* Über die Verkündigung des Evangeliums in der Welt von heute. 24. November 2013

W. Kasper, Das Evangelium von der Familie. Die Rede vor dem Konsistorium. Freiburg 2014

H. Krätzl, Im Sprung gehemmt. Was mir nach dem Konzil noch alles fehlt. Mödling [4]1999

H. Krätzl, Neue Freude an der Kirche. Innsbruck [2]2002, bes. 185–204

H. Krätzl, Eine Kirche, die Zukunft hat. Graz 2007

H. Krätzl, Das Konzil – ein Sprung vorwärts. Innsbruck [2]2013, bes. 119ff.

L. Lies, Sich auf Christus einlassen … in Messe und Anbetung. Würzburg 1990

H. B. Meyer, Eucharistie. Geschichte, Theologie, Pastoral. In: Handbuch der Liturgiewissenschaft, Band 4. Regensburg 1989

K. Rahner und A. Häussling (Hg.), Die vielen Messen und das eine Opfer (Quaestiones disputatae 31). Freiburg [2]1966

J. Ratzinger, Zur Frage nach der Unauflöslichkeit der Ehe. In: F. Henrich und V. Eid (Hg.), Ehe und Ehescheidung. Diskussion unter Christen. München 1972

Th. Schneider, Gewandeltes Eucharistieverständnis? Einsiedeln 1969

Th. Schneider, Zeichen der Nähe Gottes. Grundriß der Sakramententheologie. Mainz [6]1992

Th. Schneider (Hg.), Geschieden – Wiederverheiratet – Abgewiesen? Antworten der Theologie (Quaestiones disputatae 157). Freiburg 1995

J. Weismayer, Eucharistische Frömmigkeit im Wandel der Zeit. In: M. Schlosser (Hg.), Eucharistie. Quelle und Höhepunkt des geistlichen Lebens (Edition cardo 131). Köln 2006